Gabriele Kettler

Die heimlichen Manager

Top-Sekretärinnen sagen, was Sache ist

GABLER

Die Deutsche Bibliothek – CIP-Einheitsaufnahme

> **Kettler, Gabriele:**
> Die heimlichen Manager : Top-Sekretärinnen
> sagen, was Sache ist / Gabriele Kettler. –
> Wiesbaden : Gabler, 1995
> ISBN-13: 978-3-322-87139-8   e-ISBN-13: 978-3-322-87138-1
> DOI: 10.1007/978-3-322-87138-1

Der Gabler Verlag ist ein Unternehmen der Bertelsmann Fachinformation.

© Betriebswirtschaftlicher Verlag Dr. Th. Gabler GmbH, Wiesbaden 1995
Softcover reprint of the hardcover 1st edition 1995

Lektorat: Manuela Eckstein

Das Werk einschließlich aller seiner Teile ist urheberrechtlich geschützt. Jede Verwertung außerhalb der engen Grenzen des Urheberrechtsgesetzes ist ohne Zustimmung des Verlags unzulässig und strafbar. Das gilt insbesondere für Vervielfältigungen, Übersetzungen, Mikroverfilmungen und die Einspeicherung und Verarbeitung in elektronischen Systemen.

Höchste inhaltliche und technische Qualität unserer Produkte ist unser Ziel. Bei der Produktion und Verbreitung unserer Bücher wollen wir die Umwelt schonen: Dieses Buch ist auf säurefreiem und chlorfrei gebleichtem Papier gedruckt. Die Einschweißfolie besteht aus Polyäthylen und damit aus organischen Grundstoffen, die weder bei der Herstellung noch bei der Verbrennung Schadstoffe freisetzen.

Die Wiedergabe von Gebrauchsnamen, Handelsnamen, Warenbezeichnungen usw. in diesem Werk berechtigt auch ohne besondere Kennzeichnung nicht zu der Annahme, daß solche Namen im Sinne der Warenzeichen- und Markenschutz-Gesetzgebung als frei zu betrachten wären und daher von jedermann benutzt werden dürften.

Redaktion: Gabriele Gerold-Schugt
Umschlaggestaltung: Schrimpf und Partner, Wiesbaden
Satz: FROMM Verlagsservice GmbH, Selters/Ts.

ISBN-13: 978-3-322-87139-8

Vorwort

Sie stehen nicht im Rampenlicht, eher unter dem matten Schein einer Bürolampe, wenn alle anderen schon zu Hause vor dem Fernseher sitzen. Sie haben keine Namen, sondern bleiben anonym und nennen sich Büro von Herrn X oder Sekretariat von Frau Dr. Y: Sekretärinnen, die Drahtzieher, die Ruhm und Erfolg ihrer Chefs und Chefinnen erst möglich machen – Frauen im Hintergrund, die still und leise alles vorbereiten, jeden Auftritt, jede Rede und jede Reise bis ins kleinste Detail teils in nächtelanger Kleinarbeit planen und organisieren. Sie kontrollieren das Leben der Manager, sie gehören zu ihnen wie der Dienstwagen. Doch wer sind diese Frauen, die sich um ihren Chef, dessen Wehwehchen, dessen Firma und seine ganz großen Taten mit permanentem Einsatz kümmern, aber selten Lob dafür erhalten? Sie nehmen entscheidend teil an dem Leben eines anderen, planen es und müssen immer wieder menschliche Größe zeigen, wenn es um die Lorbeerenverteilung geht. Sie bleiben ,,draußen vor der Tür", und niemand bittet sie hinein, um den Erfolg genießen zu können. Sie arbeiten bis zum Umfallen, stehen wieder auf und sind einfach nicht totzukriegen, sind immer dort, wo man sie gerade braucht, und trotzdem wird die Außenwelt dies niemals anerkennen. Manchmal leben sie in einer Welt, die ihnen persönlich fremd ist und in der sie sich doch sicher bewegen müssen.

Ich habe mir oft Gedanken gemacht, warum das Image der Sekretärin so schlecht ist. Die Medien machen selbst in der heutigen Zeit keinen Halt vor der dummen Blondine (wahrscheinlich hat sie ein Verhältnis mit dem Chef) oder dem alles abwehrenden Zerberus im Vorzimmer. Diese Klischees sind einfach nicht auszurotten. Ich denke da nur an manche Werbesendungen: ,,Also, mein Chef, der ist Anwalt ..." In so manchem Film thront sie vor ihrer Schreibmaschine, telefoniert mit einer Freundin und lackiert sich dabei die Nägel. Ich finde das lächerlich und manchmal auch entwürdigend. Viele Sekretärinnen trauen sich kaum zu sagen, welchen Beruf sie ausüben. Sie geben sich als Sachbearbeiterin oder Assistentin aus.

Bevor ich meine ,,Kolleginnen" interviewte, habe ich oft gedacht, meine Erlebnisse und Eindrücke seien das Ergebnis einer verletzten Eitelkeit meinerseits. Doch ich habe feststellen müssen, daß der Gedanke, einen Beruf zweiter Klasse zu haben, bei den meisten meiner Gesprächspartnerinnen ebenfalls vorhanden war.

Die Sekretärinnen haben keine Lobby, und sie sind anscheinend auch nicht wichtig genug, daß es sich lohnt, für sie das Wort zu ergreifen. Ich aber ergreife das Wort für diesen Berufsstand mit seinen außerordentlichen Frauen und möchte dazu beitragen, diesen wieder „gesellschaftsfähig" zu machen. Wie hart und verantwortungsvoll dieser Beruf sein kann, weiß ich aus eigener langjähriger Erfahrung. Diese allein war jedoch nicht ausreichend, um diesen so vielfältigen, herausfordernden und teilweise aufreibenden Beruf facettenreich darzustellen.

Mit der großen Unterstützung einiger Sekretärinnen aus dem Top-Management in Deutschland konnte dieses Buch erst entstehen. Kaum jemand kann sich vorstellen, daß die Terminabsprachen für die Gespräche bereits mit enormen zeitlichen Schwierigkeiten verbunden waren. Eine Top-Sekretärin hat nicht beliebig viel Zeit. Da es sich bei meinen Interview-Partnerinnen um Top-Sekretärinnen prominenter Persönlichkeiten aus Wirtschaft und Politik handelt, werden Personen- und Firmennamen selbstverständlich nicht genannt. Finden Sie selbst heraus, wer die wirklichen (heimlichen) Manager sind.

Königstein, im April 1995   GABRIELE KETTLER

Inhaltsverzeichnis

Vorwort 5

Ortrud H., 44 Jahre
Frauen braucht die Bank 9

Johanna K., 43 Jahre
Ein Karriereweg von Süd nach Nord 23

Sybille Sch., 48 Jahre
Eine Kostprobe aus dem Tagein-tagaus des Automobilhandels 35

Maria M., 44 Jahre
Politiker – eine besondere Spezies 45

Ruth E., 57 Jahre
Zwischen Reagenzgläsern und Aktendeckeln 57

Barbara P., 47 Jahre
Nie wieder Sekretärin! 75

Sylvia St., 36 Jahre
Freizeit – nur etwas für andere! 87

Gabriele J., 35 Jahre
Rund ums liebe Geld 99

Hildegard Sch., 35 Jahre
Auch Lehrerinnen eignen sich fürs Büro 115

Kirsti P., 40 Jahre
Mit Musik geht alles besser 125

Elisabeth van R., 63 Jahre
Vom Traum zum Traumjob 139

Ortrud H., 44 Jahre

Frauen braucht die Bank

Jedem Zeitungsleser sind sie bekannt: die eingerahmten Quadrate, in Hoch- oder Querformat, groß oder klein, gefüllt mit fetten oder halbfetten Buchstaben, die zu prachtvollen Eigenschaftswörtern wie routiniert, dynamisch, einsatzfreudig, gewandt, flexibel, mobil geformt sind. Und noch weitere Exklusiv-Merkmale, über die ein Mensch verfügen sollte, rufen buchstäblich nach diesen Musterexemplaren. Genau! Es handelt sich um die Stellenanzeigen, die sich besonders in der Wochenendausgabe ihre Superfrau beziehungsweise den Supermann angeln. Mit 1a-Leistungen sollen die Bewerber aufwarten, am besten auch noch Schönheit und Esprit versprühen, wobei die Kombination Jugend und jahrzehntelange Berufserfahrung auch nicht zu verachten ist. Mein Augenmerk fiel damals auf eine Anzeige, die ebenfalls nicht mit extraordinären Attributen geizte, die eine Top-Sekretärin auszeichnen (sollen). Heute, nach acht Jahren in diesem Job, würde ich das Inserat mit anderen Augen sehen und lesen:

Führendes Bankhaus sucht souveräne und routinierte Sekretärin/ Assistentin für eines seiner Vorstandsmitglieder

◆ *Außergewöhnlich hohe Selbständigkeit:*

Wenn der Chef zu spät kommt oder einen Termin verpaßt hat, immer die rechte Ausrede parat haben. Sich für Fehler entschuldigen, die man selbst nicht gemacht hat.

◆ *Belastbarkeit:*

Mit einem nie enden wollenden Lächeln auch in hektischen Situationen sich noch mehr Arbeit aufhalsen. Und vor allem: Nur nie darüber meckern oder sich beklagen. Hat die 60-Stunden-Woche noch nicht gereicht, arbeitet man selbstverständlich auch an Samstagen.

10 Ortrud H., 44 Jahre

> ◆ *Einwandfreies Englisch und/oder weitere Fremdsprache:*
>
> Was ist der Unterschied zwischen Sekretärin und Chef? Die Sekretärin kann Englisch.
>
> ◆ *Gewandtes Auftreten und ein stilvolles Erscheinungsbild:*
>
> Demütig dem reichen Privat-Investor aus Kuwait im Tschador begegnen sowie Kaffee und Häppchen in 5-Sterne-Hotel-Manier mit sicherer Hand servieren.
>
> ◆ *Diskretion:*
>
> Keine Ohren haben für Seilschaften oder männliche Kavaliersdelikte.
>
> ◆ *Routine:*
>
> Man beherrscht seinen Job wie im Schlaf und am besten den des Chefs ebenso, dann fällt seine Desorganisation nicht auf.
>
> ◆ *In Streßsituationen die Ruhe bewahren:*
>
> Herrscht das Chaos, behält zumindest die Sekretärin den Überblick.
>
> ◆ *Gewünschtes Alter Ende 30 bis Anfang 40:*
>
> Den Kinderwunsch in die Tat umzusetzen gestaltet sich jetzt schon schwieriger.

Das Original besitze ich noch. Das Inserat ist zwar etwas verblichen, aber meine Erinnerung an jenen Vorgesetzten nicht. Aber dazu später.

Den Start in meine berufliche Laufbahn begann ich mit einer Ausbildung zur Bankkauffrau. Damals hieß dies übrigens noch Bankkaufmann, egal ob Männlein oder Weiblein. So ändern sich die Zeiten! Wie dem auch sei, nach meiner Lehre arbeitete ich noch etwa zwei Jahre lang in einer Bankfiliale mittlerer Größe als Sachbearbeiterin. Hier lernte ich, was es heißt, eine Frau, eine berufstätige Frau zu sein. Ich war noch nie eine große Verfechterin der

Emanzipation. Aber wenn man sieht und täglich erlebt, daß männliche Kollegen, die den Ausdruck „Arbeitseinsatz" nur auf dem Papier kennen und auch in der Ausbildung keine Leuchten waren, bevorzugt behandelt werden, läßt es einem die Haare zu Berge stehen. Meine Grundeinstellung der Emanzipation gegenüber wurde gründlich umgekrempelt: Ein Mann kommt eben beruflich schneller weiter als eine Frau. Will ein Mann Karriere machen, ist das für alle in Ordnung, es ist sogar ein gesellschaftliches Muß. Hat eine Frau den gleichen Wunsch, kann da irgend etwas nicht stimmen, muß etwas in der Entwicklung schiefgelaufen sein. Schnell wird sie von allen zur karrieresüchtigen und machtbesessenen Emanze abgestempelt.

Ich arbeitete gut und zuverlässig, selbstverständlich blieb ich auch schon mal länger und war aufgeschlossen gegenüber neuen Aufgabengebieten. Mein Kollege mit der Qualifikation „männlich" brauchte dies alles nicht zu tun, warum auch? Seine Beförderung nach eineinhalb Jahren zum Assistenten eines Abteilungsdirektors war sicherlich schon vor seiner Einstellung beschlossene Sache. Aber warum gerade er und nicht ich? Das fragte ich mich damals ständig. Ob Frust oder Ärger, jedenfalls suchte ich mir eine andere Stelle. Vielleicht gab es ja irgendwo ein Unternehmen, das die Fähigkeiten berufstätiger Frauen wenigstens annähernd zu schätzen wußte.

Meinem Vater gefiel mein Entschluß absolut nicht. „Eine so gute Stelle, wie kannst Du die nur aufgeben? Du verdienst doch gut. Und daß Männer eben besser für Führungspositionen geeignet sind, das ist doch bekannt." Dies erzählte mir ein Mann, der selbst nie Einsatz und Ehrgeiz in seiner Beamtenzeit gezeigt hatte. Aber damit nicht genug: „Du heiratest doch sowieso", und seine Vorstellungen von meinem späteren Leben als treusorgendes Eheweib im trauten Heim mit zwei oder besser drei Kindern am Rockzipfel waren dann die Krönung seiner guten Ratschläge. „Ich mache schon meinen Weg, und von den Männern lasse ich mich nicht unterjochen", mit diesen Worten ließ ich meinen Vater mit seiner total verstaubten Ansicht allein.

Da gute Vorhaben auch so ihre Zeit brauchen, stand zunächst erst einmal Urlaub auf meinem Programm. Es waren zwar keine Reichtümer, die sich von meinem Gehalt abzüglich Abgaben an meine Eltern angehäuft hatten, doch den kleinen Traum von einer Reise quer durch Italien konnte ich mir gerade noch erfüllen. Zusammen mit einer Freundin buchte ich eine Rundreise durch Norditalien, Mailand inklusive. Für mich war es der erste Besuch im nichtdeutschsprachigen Ausland. Die Urlaubsreisen mit meinen Eltern hatten mich immer in den Schwarzwald geführt, da war Österreich schon die rühmliche

Ausnahme und die weiteste Strecke, die ich je hinter mich gebracht hatte. Klar, daß ich kurz vor meiner „Weltreise" sehr aufgeregt war. Sogar meine Mutter wurde davon angesteckt. Sicher hätte sie auch gerne etwas von der Welt gesehen, doch mein Vater war für solche „Albernheiten" einfach nicht zu haben.

Die vier Wochen Italien waren ein Traum. Besonders gefiel mir das noble und exklusive Leben in Mailand, eine Stadt, die mich begeisterte und faszinierte, die meine bisherigen Urlaubsorte weit in den Schatten stellte. Die italienische Sprache hatte ich in Volkshochschulkursen gelernt, und ich kam ganz gut zurecht. In dieser Zeit reifte in mir der Plan, dort zu leben. Wie geträumt, so umgesetzt! Zu Anfang war es schwieriger, als ich es mir vorgestellt hatte. Es war kein Urlaub mehr; so außergewöhnlich die Stadt, so außergewöhnlich die Preise. Das Leben in Mailand ist ganz schön teuer, und das Geld zum Leben mußte erst einmal verdient sein. Ich jobbte mal hier und dort, bis ich auf einer Party einen jungen Mann kennenlernte, der mir von einer vakanten Position bei einem italienischen Automobilhersteller erzählte. Eine Sekretärin für den Chef-Controller, Deutschkenntnisse erwünscht, wurde gesucht. Keine Frage, das traf auf mich zu. „Sekretärin" war jedoch ein Wort, was mich an dieser Verlockung noch störte. Gerade Sekretärin wollte ich eigentlich nicht sein, das klang so nach tippen und Kaffee kochen. Aber die Hoffnung auf ein geregeltes Einkommen ließen meine inneren Einwände vom Winde verwehen. Mit der Einstellung: „Was Sekretärinnen so machen, kann ja nicht allzu schwierig sein!" bewarb ich mich. Mit Erfolg, aber nur, weil ich Deutsch sprach.

Was mich dort erwartete, hatte ich mir in meinen kühnsten Träumen nicht vorgestellt. Schon beim ersten Gespräch mit meinem Vorgesetzten wurde mir klar, das Sekretärinnen anscheinend doch mehr tun, als Briefe zu tippen und Telefonknöpfchen zu betätigen. Das Bild, das ich von einer Sekretärin jahrelang in meinem Hirn abgespeichert hatte, mußte ich völlig neu strukturieren. Dieser Beruf besteht nicht nur aus schönen Kleidern, Schminke, Gepflegtsein und einem attraktiven Büro. Er bietet eine breite Palette mit vielen Facetten und die Grundlage für vielfältige berufliche Möglichkeiten. Um dies zu erkennen, brauchte ich jedoch eine gewisse Zeit. Ganz zu Anfang habe ich Bekannten erzählt, ich wäre Sachbearbeiterin. Innerlich stand ich noch nicht ganz zu dem Beruf, dessen Titel nun auch auf mich zutraf. Eine Sache, die ich erst verarbeiten mußte. Heute jedoch, muß ich sagen, möchte ich keinen langweiligen Sachbearbeiterjob mehr haben. Nie wieder! Heute bin ich Sekretärin, und das mit Leib und Seele!

Zu Beginn meiner Sekretärinnen-Karriere sah dies vollkommen anders aus: Die Leitung eines Sekretariats war für mich so fremd wie böhmische Dörfer. Terminplanung, Terminkoordination? Davon hatte ich noch nie gehört. Ebenso unbekannt war für mich die ständige Telefonprozedur. Kaum war ich den einen Anrufer losgeworden, meldete sich der nächste. Ja, wenn sie alle nur den Chef sprechen wollen, warum nicht? Überaus freundlich vermittelte ich jedes eingehende Gespräch weiter an meinen Chef und verstand nicht, warum er am Ende eines Arbeitstages völlig genervt wirkte. Erst aufgrund seiner Fragen wie: ,,Was will denn der Hausbote schon wieder von mir?" lernte ich zu selektieren. Auch daß ich ihn zu den verkehrten Terminen schickte oder ihn zu einer falschen Uhrzeit ins Restaurant jagte, all das hatte nach einiger Zeit ein Ende. Ich glaube, viel länger hätte mein Chef dieses anstrengende ,,Joint-venture" auch nicht mehr ertragen, seine Schmerzgrenze schien erreicht. Mehr oder weniger rauften wir uns zusammen, und nach einem Jahr hatte ich alles viel besser im Griff und mich in der Sekretärinnenwelt gut eingelebt.

Meine Arbeit und das Leben in Italien machten mir ungeheuer viel Spaß. Die Jahre vergingen, und irgendwann lernte ich nach dem Land und dem Beruf auch den Mann fürs Leben kennen. Einen Deutschen! Und das passierte mir, obwohl ich davon ausgegangen war, eine ,,Mischehe" einzugehen. Wir verbrachten miteinander eine schöne Zeit in Mailand. Doch nach fünf Jahren stand für mich eine schwierige Entscheidung an: Mein Mann wurde von seiner Firma zurück nach Deutschland beordert. Was nun? Wohl oder übel ging ich mit. Der Abschied von Italien und dem südlichen Flair fiel mir sehr schwer.

Wieder in Deutschland, hatte ich noch nicht so den richtigen ,,Drive" zu arbeiten. Eine Zeitlang blieb ich zu Hause, doch dann stieß ich eben auf jene bereits zu Anfang erwähnte Anzeige. Vielleicht konnte ich dort die Erfahrungen, die ich gesammelt hatte, gewinnbringend nutzen? Das Rüstzeug für diese Position brachte ich allemal mit. Mein erstes Vorstellungsgespräch mit dem Personalleiter endete mit der gängigen Schlußformel: ,,Sie hören von uns." Das war auch nach etwa einer Woche der Fall. Abends nach Dienstschluß fand ein zweites Gespräch im Bankgebäude statt. Herr Johnson war mir als junges und dynamisches Vorstandsmitglied beschrieben worden, der die luxemburgische Vertretung wieder in Schwung gebracht hatte. Wir verstanden uns auf Anhieb, ich war von seiner Erscheinung und Ausstrahlung begeistert. Er gestand mir, daß er viel Arbeitseinsatz erwarte, und fragte, ob ich bereit wäre, ,,diesen Wünschen jederzeit nachzukommen". Verständlich, daß ich nicht

14 Ortrud H., 44 Jahre

nein sagte. Ganz locker stellte er mir so en passant noch einige Fragen. ,,Wie schätzen Sie den Kurs des Dollars ein?" ,,Wohin geht Ihrer Meinung nach der Zinstrend?" Und eh ich mich versah, war der Termin zu Ende. Noch zwei Mitbewerberinnen sollten auf diese Weise ihre Fähigkeiten unter Beweis stellen. So blieb mir nichts anderes übrig, als abzuwarten und zu hoffen, daß meine Konkurrenz nicht ganz so gut abschnitt. Nach drei Wochen: aufatmen, ich hatte die Stelle.

Und von dem Moment an hatte mich der alte Ehrgeiz wieder gepackt, ich wollte mein Äußerstes geben, und alles lief auch bestens. Herr Johnson war viel unterwegs, und ich hatte Zeit, mich einzuarbeiten und zu akklimatisieren. Die Kollegen und Kolleginnen waren sehr hilfsbereit, aber was den Umgang und das Handling meines Chefs anging, war ich auf mich allein gestellt. Da auch mein Chef relativ neu im Unternehmen war, gab es so gut wie keine Insider-Informationen über ihn. Er war mein Chef – das unbekannte Wesen! Blieb er lange im Büro, harrte ich ebenso gewissenhaft aus, um alle seine Wünsche zu erfüllen. Oft unterhielten wir uns dabei über Gott und die Welt, und seine überaus freundliche Art ließ mich das Tätscheln meiner Schulter oder ein rein zufälliges Berühren nicht so wichtig nehmen. Es störte mich zunächst auch nicht. Vielleicht gefielen mir sogar die Komplimente über mein Aussehen und meine tolle Figur. Hätte ich zu diesem Zeitpunkt gleich derartige Gespräche abgewehrt, wäre sicher alles ganz anders gekommen. Doch den richtigen Zeitpunkt hatte ich verpaßt, irgendwann war es einfach zu spät dazu. Dem Spiel ein barsches Ende zu setzen, fiel mir schwer, war ich doch dazu erzogen worden, der Autorität zu gehorchen und immer das zu tun, was mir gesagt wurde. Das war und ist so fest in meinem Innersten verankert, daß ich nicht aus meiner Haut heraus kann. Ich war gefangen in meiner Erziehung: immer alles richtig machen, nur nicht unangenehm auffallen. Ein besseres Opfer gibt es gar nicht.

Anscheinend fühlte er sich durch mein Schweigen ermuntert. Das Ganze gipfelte letztlich in der Frage: ,,Möchten Sie mit mir nach Mailand kommen?" Er unterstrich die Notwendigkeit meiner Begleitung in meiner Funktion als Dolmetscherin und lobte mich als Expertin der italienischen Mentalität. Hier, an dieser Stelle, hätte ich einen Stein ins Getriebe werfen sollen, um den in Fahrt gekommenen Johnson von seinem Weg abzubringen. Dann wäre sicher Ruhe gewesen. Naiv war ich nicht, sicher, ich wußte ganz genau, warum ich ihn begleiten sollte. Allzu zaghaft waren meine Versuche, mich doch noch aus der Affäre zu ziehen. Sie zerplatzten an ihm wie eine Seifenblase. ,,Warum fährt sie denn mit, wenn sie weiß, was passieren kann?" Logisch, daß Sie sich diese Frage stellen. Aber beantworten läßt sie sich nicht so einfach: Es gibt gewiß Frauen, die sich auf diese Art nach oben „gearbeitet", die ihre Ausstrahlung und ihr Aussehen ganz geschickt und gezielt eingesetzt haben. Aber dann gibt es auch jene Kategorie, zu der ich mich zähle, die zwar ahnt und sieht, was auf sie zukommt, aber nicht fähig ist, rechtzeitig die Notbremse zu ziehen. Schließlich geht es ja auch um den Job. Käme es hart auf hart, stünde Aussage gegen Aussage, und letzten Endes würde sicherlich zuerst der Sekretärin die Tür gewiesen. Für die Klasse der „Nicht-nein-sagen-könnenden-Personen" ist so eine Situation äußerst prekär.

Mein Chef und ich flogen nach Mailand, wohl war mir überhaupt nicht dabei. Während des Fluges beruhigte ich mich selbst, indem ich mir permanent einredete, die Annäherungsversuche wären reine Auswüchse meiner Phantasie. Welch eine Erleichterung, als ich im Hotel meinen eigenen Zimmerschlüssel überreicht bekam. Ich hatte schon mit dem Schlimmsten gerechnet. Diese Hürde war also genommen. Gegen 20 Uhr holte er mich zum Abendessen ab. Vor, während und nach dem Essen waren meine Augen, meine ach so wunderschönen blauen Augen, die tiefgründig wie ein klarer Bergsee strahlen und in die jeder Mann gerne eintauchen möchte, und … und … der einzige Gesprächsstoff. Mein Interesse hingegen galt der Fortsetzung oder besser gesagt dem Abschluß des blauäugigen Beisammenseins: „Wie kannst du verhindern, daß er dich zum Zimmer begleitet?" Die Gelegenheit, so mir nichts, dir nichts „noch auf ein kleines Abschiedsgläschen Wein, das wäre doch nett" mit in mein Zimmer zu schlüpfen, diese Tour mußte ich ihm vermasseln. Da kam mir Kollege Zufall zu Hilfe, sein italienischer Geschäftspartner verlangte ihn am Telefon. Flugs nutzte ich die Chance, denn so schnell kam sie bestimmt nicht wieder, und begab mich auf mein Zimmer. Dort angekommen, hatte ich nichts Eiligeres zu, als mich zu verbarrikadieren, um ihm jede Möglichkeit zu nehmen, doch noch meine Zufluchtstätte zu stürmen. Solche Szenen waren mir bis dato nur aus Thrillern geläufig, in denen das jugendliche Opfer seinem Häscher zu entkommen versucht. Nachts, es muß so gegen ein Uhr gewesen sein, hörte ich ein Klopfen an meiner Tür. Mein glühender Verehrer bat um Einlaß. Ich traute mich noch nicht einmal, die Zehen zu bewegen, starrte verzweifelt die Decke an und spielte „tote Frau". Er schabte derweil an der Tür und erinnerte mich an einen Kater, der um ein Schäferstündchen bettelt.

16 Ortrud H., 44 Jahre

Beim Frühstück erwähnte ich, so beiläufig wie möglich, daß ich sofort eingeschlafen sei und pries in den höchsten Tönen die Ruhe in diesem Hotel, die es mir ermöglichte, eine vollkommen ungestörte Nachtruhe zu genießen. Er erwähnte sein nächtliches Balzverhalten mit keinem Wort. „Sei ganz normal, und tu so, als sei gar nichts", schärfte ich mir ein. Wer glaubt, daß fortan seine Körperattacken ausblieben, der irrt. So ein Mann wie er gab nicht so schnell auf. Schließlich wollte er bekommen, was ihm zustand, und das nicht nur beruflich. Noch heute bekomme ich eine Gänsehaut, wenn ich an die Büroabende nach der Italienreise denke. Er gab nicht auf, und das Verhalten eines englischen Gentleman lag ihm so fern wie einem Eskimo ein Ritt um die Pyramide von Gizeh.

Die Krönung der Geschmacklosigkeiten: Er wurde handgreiflich. Auch ich verlor die Beherrschung und verpaßte ihm eine schallende Ohrfeige. Seine Reaktion wartete ich nicht ab, sondern war weg, bevor er überhaupt in irgendeiner Weise reagieren konnte. Was nun? Ins Büro gehen, so als ob nichts gewesen wäre? Undenkbar! Die einzige sinnvolle Lösung war, um Versetzung zu bitten. Am nächsten Tag setzte ich dieses Vorhaben in die Tat um und meldete mich anschließend krank. Sollte ich mich in meiner Situation jemandem anvertrauen? Aber wem? Auf Sprüche wie: „Da gehören immer zwei dazu", „Hast Du ihm vielleicht Avancen gemacht?" war ich nun wirklich nicht erpicht. Schließlich rief ich die Vertrauensfrau in der Bank an. Endlich – es hörte mir jemand zu. Klipp und klar klärte sie mich über meine Lage auf und beschönigte nichts. Bei einer Anzeige stünde Aussage gegen Aussage, die Beweislast läge ganz allein bei mir. Nicht gerade rosig waren da meine Chancen, als Siegerin das Urteil im Namen des Volkes verkündet zu bekommen. Das Rad der Gleichberechtigung dreht sich immer noch recht zäh, und irgendwo scheinen immer noch Stolpersteine herumzuliegen, die das Vorwärtskommen blockieren.

Was ist man als Frau eigentlich wert? Komische Frage, mögen Sie denken, da gebe ich Ihnen recht. Aber ist es nicht so: Im Arbeitsleben und in Mark und Pfennig ausgedrückt, scheint der Wert der Frau immer etwas unter dem des männlichen Kollegen zu liegen. Noch immer sind es die Frauen, die so eine Situation wie die meine den Job kosten kann. In diesem Spiel hat man als Sekretärin von vornherein die schlechteren Karten. Die Herren Vorgesetzten nutzen das Abhängigkeitsverhältnis vom gut bezahlten Job für sich aus. In unserer Gesellschaft müssen Frauen für ihre ureigenen Qualifikationen, Fähigkeiten und Interessen eintreten. Sicher, das sagt sich so einfach. Nur allzuleicht gehen gute Vorsätze im täglichen Hindernislauf zwischen Schreibtisch und Suppentopf verloren. Aber vielleicht bringen wir alle zusammen das Rad „Gleichberechtigung" in Schwung.

Zurück zu mir: Die Sekretärin des Vorstandsvorsitzenden hatte sich entschlossen, in den Vorruhestand zu gehen. Schön für sie, aber auch schön für mich. Die Personalabteilung stellte mir diese Position in Aussicht. Nur ein Gespräch mit Herrn Brinkmann, dem Vorstandsvorsitzenden, stand zwischen dem Jetzt und dem Morgen. Mir war zwar ein bißchen mulmig davor, aber was hatte ich noch zu verlieren? Wenn ich jemals eine Chance in diesem Beruf hatte, dann sicherlich diese.

Herr Dr. Brinkmann verkörperte den eher väterlichen Typ, aber Vorsicht: Ein nicht zu unterschätzender harter Kern verbarg sich hinter dieser Fassade. Kurz und knapp kam er im „Interview" zur Sache: professionelle und lautlose Führung seines Sekretariats, außergewöhnlich hohes Maß an Selbständigkeit, sicheres Managen seines Tagesablaufs, Zuverlässigkeit, Kompetenz, ein breitgestreutes Arbeitsgebiet inklusive seiner Privatangelegenheiten waren nur einige seiner Anforderungen an die neue Mitarbeiterin. „Trauen Sie sich dies alles zu? Von mir aus steht einer Zusammenarbeit nichts im Wege. Meine Sekretärin arbeitet Sie in den nächsten drei Wochen ein." Tief beeindruckt von seiner Person und den Worten der Unterhaltung, besser gesagt des Monologs, verließ ich sein Büro. In einem traumähnlichen Dämmerzustand erreichte ich mein Zuhause, und erst abends wurde mir so recht bewußt, was mir der Tag eigentlich gebracht hatte: die Befreiung aus einer nicht mehr zu ertragenden Situation und einen entscheidenden Karrieresprung. Sieg der Gerechtigkeit oder einfach nur Glück?

Allerdings standen mir noch einige Wochen mit meinem ungeliebten Noch-Chef bevor. Seine Redseligkeit war auf ein Mindestmaß reduziert, auch meine Lippen waren fest geschlossen, allenfalls der Mundwinkel zu einer schiefen Grimasse verzogen. Kurzum: Es herrschte eine eisige Atmosphäre. Die Furcht, „Lady Tiefkühltruhe" könnte etwas ausplaudern, sowie sein Respekt vor Dr. Brinkmann waren anscheinend so groß, daß er die erlittene Schlappe notgedrungen sang- und klanglos einsteckte.

In meinem neuen Büro weihte mich meine Vorgängerin sehr gut ein und gab mir hilfreiche Tips mit auf den Weg. Ganz im Vertrauen, so unter Frauen, erzählte sie mir von Dr. Brinkmanns Englischkenntnissen, die ihm auf dem Zeugnis allenfalls ein „Mangelhaft" einbringen würden. „Mit ruhigem Ge-

18 Ortrud H., 44 Jahre

wissen können Sie alles ändern, nur erwähnen dürfen Sie es nicht." Rasch vergingen die ersten Wochen und Monate. War der Chef im Haus, blieb kaum eine Minute zum Luftholen, geschweige denn, daß ich mal zum Mittagessen gehen konnte oder Zeit abknapsen konnte, das mitgebrachte Salamibrot in einem Rutsch zu verspeisen, ohne daß verräterische Fettflecken auf Akten oder Briefen meine Eßvorlieben preisgaben. Er war ein Workaholic, ständig auf der Lauer nach Arbeit. Geriet man erst einmal in seinen Arbeitssog, war es um einen geschehen, und man wurde einfach mitgerissen. Außerdem wollte ich ihm und sicher auch mir beweisen, daß ich die Richtige für diesen Job war. Schnell lernte ich alle Fäden zusammenzuhalten und meine eigenen zu spinnen. Ich wußte bald, auf wen Verlaß war und auf wen nicht. Ich war und bin so eingespannt, daß ich glaube, nicht nur seine rechte, sondern auch seine linke Hand zu sein. Aber es macht Spaß, und nur das zählt. Ein wenig genieße ich auch meine Stellung. Besonders dann, wenn mein Ex-Chef einen Termin bei Dr. Brinkmann möchte.

Was macht eigentlich eine Vorstandssekretärin den ganzen Tag über? Auf dem Sessel hocken, die Beine übereinandergeschlagen, die neueste Ausgabe der ,,Elle" in der Hand, zur linken ein Schüsselchen mit Knabbergebäck, zur rechten eine dampfende Tasse Kaffee mit Schlagsahne, leise Musik im Hintergrund. Solche oder ähnliche Vorstellungen spuken in den Köpfen der ,,Außenstehenden" herum. Wenn es nur ansatzweise so wäre! Für derlei Amüsement habe ich gar keine Zeit. Von dem Moment an, indem ich die Bank betrete, bin ich voll im Einsatz, und das bis zum Verlassen der Bank. Und damit ist nicht unbedingt der allgemeine Dienstschluß gemeint, wenn all die anderen Mitarbeiter ihrem Arbeitsplatz den Rücken kehren und im Eiltempo nach Hause an den Fernseher flüchten. Häufig muß ich eine Spätschicht einlegen, in der ich Schreibarbeiten erledige. Erst wenn alles ruhig ist, keine Störung mehr zu erwarten ist, kann ich mit Muße an die Sache rangehen. Immer und immer wieder kontrolliere ich das Geschriebene auf Fehler, denn die kann ich mir nicht leisten. Dr. Brinkmann unterschreibt ,,blind", er liest nichts mehr gegen, und so muß alles tipptopp sein.

Am Ende eines jeden Arbeitstages Ordnung auf dem Schreibtisch machen ist mein oberstes Grundprinzip. Egal, ob sich draußen in den Bäumen schon die Vögel mit ihrem Zwitschern bemerkbar machen und ich in wenigen Stunden sowieso wieder da bin. Alles hat bei mir seinen fest angestammten Platz, ich hefte regelmäßig ab, ordne ein, sortiere um. Ich *hasse* das! Aber im Bedarfsfall muß ich alles schnell zur Hand haben und kann die kostbare Zeit nicht mit

Suchen vergeuden. So überwinde ich jeden Tag aufs neue meinen inneren Schweinehund, der mir zuraunt: „Laß es liegen, geh endlich!" Aber nichts da! Mit eiserner Selbstdisziplin und einer halben Stunde intensiver Einräum-Abheft-Sortierarbeit verlasse ich als Siegerin mein Reich. Und so blinkt mir jeden Morgen ein wohlgeordneter, aufpolierter Schreibtisch entgegen. Und das ist doch auch was wert!

Jeden Morgen beginnen Dr. Brinkmann und ich den Arbeitstag etwas früher als die anderen. (Rechnen Sie nur nach, ein paar Stunden Schlaf bleiben mir schon noch, und wofür gibt es die Wochenenden?) Das gibt uns Zeit, einzelne Vorgänge durchzusprechen und die Aufgaben festzulegen. Er erhält täglich, fast kann man die Uhr danach stellen, von mir eine Aufstellung, die ihn über seine Tagesaktivitäten informiert: Telefonate, Mitarbeiter- und Kundengespräche, Abendessen mit wem, wann und wo, oder welche Opernarien ihn mit welcher Sitznachbarin erwarten. Ich kontrolliere haargenau, ob er sich an meine Vorgaben hält, und hake Erledigtes ab. An dieser Stelle einmal ein Lob an meinen Chef: Bisher hat er noch alles zu meiner Zufriedenheit erledigt.

Nach der gemeinsamen Lagebesprechung beginnt so etwa ab 9 Uhr die „One-Woman-Show". Tägliche Schaueinlagen sind das Sichten der Post, Protokollführung, etwa 100 Telefonate am Tag (der Hörer wird nie kalt), Kopieren, Akten heraussuchen, Vorgänge zusammenstellen, Daten aufbereiten, Termine zu- oder absagen, Kaffee für Besucher kochen (eine Aufgabe, die Sekretärinnen nicht unbekannt sein dürfte), Einladungsschreiben entwerfen und tippen, seine Termine koordinieren („Da fällt mir ein, auch mein Kopfschmuck könnte ein neues Styling vertragen – aber wann?"), einen Tisch im Restaurant bestellen, ein Geschenk für sein Patenkind besorgen („Womit spielt ein achtjähriges Mädchen gern?"), einen Quengler am Telefon besänftigen, die Tagesordnung für die nächste Vorstandssitzung erstellen und verteilen, Nachhaken bei der PR-Abteilung, ob das Interview mit Dr. Brinkmann druckreif für die Imagebroschüre vorliegt, den Fototermin mit einer bekannten Zeitung fixieren, die Reise für die einzelnen europäischen Filialen abstimmen und mittendrin in all diesem Gewusel ab und zu das Mittagessen für ihn herrichten. Habe ich noch etwas vergessen? Ach ja, die Übersetzung von Briefen und Texten. Ganz nebenbei sein Hinweis: „Der Brief sollte in Englisch abgefaßt sein." Wie ich das schaffe, danach fragt er nicht. Ganz beiläufig liegt mein Werk dann in der Postmappe, und er unterschreibt, ganz so, als wäre es Marke „Eigenproduktion". Wofür hat man denn auch eine Sekretärin!

Ortrud H., 44 Jahre

Neben seinem Job als Vorstandsvorsitzender erfüllt er noch einige Posten als Aufsichtsratsvorsitzender großer Firmen. Die Interessen aller, und somit auch die Termine, unter einen Hut zu bekommen, gleicht einer Gratwanderung. Kaum hat man einen Termin festgemacht, bröckelt der andere ab und bringt alles zum Wanken. Manchmal fühle ich mich als Platzanweiserin, die ihren Chef von einem Sessel zum nächsten Besprechungssessel und zur nächsten „Kaffeerunde" hetzt. Es ist gut möglich, daß mein Chef ein oder zwei Monate lang „auf Tournee" ist. Und doch finde ich immer noch eine Lücke, wenn er jemanden unbedingt sprechen muß. Geschick, aufgepeppt mit einer guten Portion Überredungskunst, macht vieles möglich, auch wenn es Stunde um Stunde Arbeit am Telefonhörer kosten kann.

Kommunikation, Vertrauen und Information sind die Grundpfeiler unserer Zusammenarbeit. Über alles und jeden möchte er Bescheid wissen, Wesentliches, aber auch Unwesentliches von mir erfahren, um so auf dem laufenden zu sein, was sich in „seiner" Bank ereignet. Tratsch und Klatsch sortiere ich aus, denn als „gebranntes Kind" weiß ich nur zu gut, wie man sich fühlt, wenn man Bankgespräch ist. Apropos Vertrauen: Ist Dr. Brinkmann einige Tage nicht in der Bank, bewahre ich in meiner „Schatztruhe" seine Unterschrift auf – für dringende Fälle. Diese Blankounterschrift hüte ich wie meinen Augapfel. Sollte also irgendwo etwas anbrennen, stehe ich als Feuerwehr mit der nötigen Gerätschaft bereit. Dr. Brinkmann weiß, daß er sich in jeder Hinsicht auf mich verlassen kann. Dazu zählt auch, daß ich es mir nicht leiste, irgendeine Krankheit magnetisch anzuziehen und ihn in unserem Refugium allein zu lassen.

Da wir fast das ganze Jahr über so verbandelt sind, kann er sich gar nicht damit abfinden, daß mir 30 Tage Jahresurlaub zustehen. „Sie wollen doch nicht schon wieder in Urlaub gehen?" – so oder ähnlich seine Ausrufe, wenn er meinen Urlaubsschein entdeckt. Den Moment der Trennung versucht er durch mehrfaches Verschieben des Urlaubstermins herauszuzögern, gleich einem Kind, das Ausreden erfindet, um die Schule zu schwänzen. Bei mir zu Hause sinkt die Stimmung dann allmählich in die Nähe des Gefrierpunktes. Und wenn es dann endlich doch noch losgeht, quetschen wir uns mit all den anderen zigtausend Menschen in der Hauptsaison auf die Autobahn und erreichen unser Urlaubsquartier voll Blei in den Lungen. Günstige Angebote oder gar mal einen Flug mit „Last minute" kann ich mir vollkommen aus dem Kopf schlagen. Der Werbespruch: „Sie haben ihn sich verdient!" scheint für mich nicht zuzutreffen.

Die paar Urlaubstage vergehen ruckzuck und reichen zum Erholen und Abschalten kaum aus. Ich stehe das ganze Jahr über wie ein Dampfkessel unter Druck, und dann kann ich nicht von jetzt auf gleich die Luft rauslassen. Vor allem, wie soll man den Job aus den Gedanken verbannen, wenn schon morgens um 8 Uhr, kaum daß man die Füße aus dem Bett geschwungen hat, die (Ersatz-)Sekretärin anruft und lauthals um Unterstützung fleht. Mit Urlaub nicht gerade verwöhnt, war ich sehr stolz, als mein Chef mir eine einwöchige Reise spendierte – als Dankeschön für meinen Einsatz und mein Engagement. Obwohl ich bereits großzügige Geburtstagsgeschenke von ihm gewohnt war, übertraf dies meine Erwartungen. Anerkennung und Lob auf diese Weise zu erhalten, machte mich glücklich, und ich empfand die Reise als Ausgleich für Entbehrungen in der Vergangenheit.

Kommt man aus dem wohlverdienten Urlaub zurück und hängt die Jacke noch nicht auf dem Bügel, ist alles so, als wäre man gar nicht fort gewesen. Einmal ist mir meine Urlaubsrückkehr besonders schwergefallen. Vor meiner Abreise war mir ein Fehler unterlaufen. Ich hatte mich bei einer Terminierung für Dr. Brinkmann im Datum geirrt, und so schickte mein ,,Remake" ihn auftragsgemäß zum Treffpunkt, wo sich außer Dr. Brinkmann keine Menschenseele blicken ließ. Peinlich, peinlich! Meine Vertreterin hat sich nach dem Donnerwetter von Dr. Brinkmann wahrscheinlich unterm Schreibtisch verkrochen. Für beide ein Tag, der es wert war, völlig aus dem Kalender gestrichen zu werden. Im nachhinein habe ich mich bei beiden Beteiligten entschuldigt. Daß mir solch ein Irrtum unterlaufen ist, habe ich mir lange nicht verziehen. Zu kostbar ist seine Zeit, als daß er es sich leisten könnte, von mir durch die Walachei gejagt zu werden.

Egal, wer von uns beiden – er oder ich – einmal einen Termin vermasselt, ,,schuld" habe grundsätzlich ich. Übersieht er mal einen Termin, stammele ich meinem Telefonpartner mit einer überaus akzeptablen schauspielerischen Leistung schuldbewußt eine Entschuldigung hin und nehme alles auf meine Kappe. Das tue ich auch, wenn sich hohe Staatsgäste angesagt haben oder ein ,,neuer Investor" der Bank die Ehre erweist. Dr. Brinkmann ist an solchen Tagen kaum zu gebrauchen und bringt mit seiner Hektik soviel Unruhe ins Büro wie ein Imker im Bienenhaus. Wie eine Amme muß ich hinter ihm her sein, damit er sich nicht in letztem Moment noch seinen Sonntags-Ausgehanzug verschmutzt. Beim letzten wichtigen Empfang hat er sich große Mühe gegeben, sein Hemd mit Tinte zu marmorieren. Mit Erfolg, muß ich sagen. Dann ist es an mir, ihm auf die Schnelle ein frisches Hemd zu besorgen und ihm wieder ein gestriegeltes Äußeres zu verpassen. Noch ein letztes Mal die Haare vom Jackett gestrichen, schiebe ich ihn auf das Verhandlungsparkett und sinke hinter verschlossenen Türen erschöpft in den Stuhl.

Perfekt sein, und das jeden Tag, so soll eine Sekretärin sein. Distanz wahren, aber kommunikativ, mit Niveau und stilvollem Erscheinungsbild, passend zur Garderobe des Chefs, den Gästen mit freundlich lächelndem Antlitz die Zeit vertreiben, eben so, als ob man den Rest des Tages gar nichts mehr zu tun und eh nichts Besseres vorhätte. Wie das Entree die Visitenkarte des Hausherrn ist, so bin ich das Markenzeichen meines Chefs. Jeden Tag aufs neue schlüpfe ich in diese Rolle und spiele die korrekte Gesellschafterin, als wäre ich mit dieser Begabung auf die Welt gekommen. Zu Hause bin ich nicht mit Champagner, Kaviar oder Trüffel groß geworden, aber in meinem Beruf gehe ich mit diesen Dingen um, als wäre es das Normalste auf der Welt, als würde auch auf meinem Speiseplan nichts anderes stehen. Ich habe gelernt, welcher Wein zu welchem Gericht, welches Menü zu diesem oder jenem Anlaß paßt, welcher Cognac wo, wann, wie und wem gereicht werden kann, wie ich Kaffee oder Tee zu reichen habe. Stellen Sie sich vor, einem Vorstandskunden schütte ich das Cognacglas randvoll oder biete meiner Tischnachbarin zum Hummer Ketchup an. Ein Ding der Unmöglichkeit! Heute bin ich soweit, daß ich für Eckart Witzigmann glatt eine Konkurrenz darstelle.

Fazit: Zum Sekretärinnenberuf gehört es einfach, Allround-Kraft der Spitzenklasse zu sein. Ich habe es geschafft, ganz oben mitzumischen. Mein Chef ist nett, aber chaotisch. Er ist fair und schätzt mich als Job-Partnerin. Vertrauen und Sympathie sind da, dies erleichtert das Arbeiten in Streßsituationen. Wenn mein Chef sich eines Tages auf seinen Altersruhesitz zurückzieht, fange ich vielleicht noch mal mit etwas Neuem an. Wer weiß? Aber eines weiß ich ganz genau: So einen Chef finde ich nie mehr!

Johanna K., 43 Jahre ....

Ein Karriereweg von Süd nach Nord

Eigentlich wollte ich nach England. Aber wo bin ich angelangt? Im Rhein-Main-Gebiet, über die Zwischenstationen Österreich, Liechtenstein und Garmisch. Der Weg bis zu meiner heutigen Position als Sekretärin des Vorstandsvorsitzenden einer großen Unternehmensberatung verlief nicht unbedingt geradlinig.

Wir waren zu Hause sieben Kinder. Für meine Eltern war es nicht einfach, diese Heerschar gut über die Runden zu bringen. Und so wurde nicht gefragt, was ich einmal werden wollte, wofür ich mich eignete, wo meine Interessen lagen. „Ab, auf die Handelsschule!" hieß es nach der Realschule. An meine erste Tätigkeit nach einer dreijährigen Ausbildung kann ich mich heute gar nicht mehr genau erinnern. Auf jeden Fall kann es nichts Abenteuerliches gewesen sein, sonst wäre es mir mit Sicherheit im Gedächtnis haften geblieben. Sicher ist, es handelte sich um eine Arbeit in einer Lackfabrik in Liechtenstein. Wie kommt man in so jungen Jahren nach Liechtenstein? Ganz einfach, früher war es noch üblich, daß Betriebe in die Ausbildungsstätten bzw. Schulen kamen, um sich vorzustellen und neue Mitarbeiter „anzuwerben".

Mit meinen 17 Jahren hatte ich noch keine feste Vorstellung von meiner Zukunft, mein Plan fürs Leben war noch nicht geschrieben. Wünsche und Träume wurden beiseite geschoben, nach dem Motto: Die kannst du später auch noch verwirklichen, mach erst mal! Bald schon hatte ich keine Lust mehr, nur Rechnungen zu tippen und dies bereits von 6 Uhr 30 an. Rechnet man jeden Morgen noch eine gute Stunde Fahrzeit ein, so war mein Leitspruch in jener Zeit: „Morgenstund hat Gold im Mund." Nach etwa einem halben Jahr hatte auch dieser Spruch jeglichen Motivationsanreiz für mich verloren, und ich erzählte dem Personalleiter, daß ich nach England wolle. Kurzum: Ich verließ besagte Lackfabrik. Nach England bin ich nie gekommen, aber zurück in meinen Heimatort habe ich es gerade noch geschafft.

Durch meinen damaligen Freund und späteren Ehemann kam ich nach Deutschland, wo ich zunächst als Sekretärin eine Stelle fand und später mit meinem Ehemann im Hotel- und Gaststättengewerbe arbeitete. Nicht nur die

Johanna K., 43 Jahre

Selbständigkeit in jenem Dienstleistungsbereich verlief erfolglos, sondern auch unsere Ehe. Nach diesem privaten Tief – ein Boxer nach dem Knock-out kann sich kaum schlechter fühlen – bewarb ich mich in Garmisch. Denn dort, so wußte ich, hatte sich mein Mann niedergelassen. In mir loderte immer noch ein Fünkchen Hoffnung auf eine zweite Chance. Leider – aus damaliger Sicht – fand ich dort trotz aller Bemühungen keine Anstellung. So führte mich mein Weg in die Nähe des Bodensees, wo ich als Chefsekretärin eines Architekturbüros angenommen wurde. Chefsekretärin in einem stilvoll eingerichteten Büro, die Ausstattung vom feinsten, nette Kollegen – so kannte ich das vom Hörensagen. Das Gegenteil davon hatte ich erwischt. Denn mein Büro glich nicht nur einer Barracke, sondern war sogar ein Teil davon. Dabei konnte ich noch froh sein, daß ich nicht täglich einen kanariengelben Schutzhelm auf meinem Kopf balancieren mußte. ,,Die Arbeit ist interessant, und selbständig arbeiten kannst du auch", tröstete ich mich über den Zustand meines Arbeitsplatzes hinweg. Vielseitig war die Tätigkeit ja – neben der Chefsekretärin war ich noch Müllfrau, Küchenfrau und Mädchen für alles. Wer kann schon von sich behaupten, seine mannigfaltigen Qualitäten so erschöpfend unter Beweis stellen zu können? Mit meinem neuen Chef hatte ich keinerlei Verständigungsschwierigkeiten – und so war letztendlich doch alles noch paletti.

Damals hatten wir ein riesiges Projekt zu betreuen, das mir ebensolchen Spaß bereitete: ein Feriendorf auf der schwäbischen Alb mit insgesamt 100 Bungalows. Diese mußten eingerichtet werden mit allem, was Familie Adam bis hin zur Familie Zitzewitz in einem Ferienhaus benötigen könnte. Nicht nur an das Mobiliar mußte ich denken, ebenso an Bestecke, Gedecke, Teekannen und deren Filter bis hin zum unerläßlichen Putzlappen. Auch was die Einrichtung und Ausstattung des Restaurants im Feriendorf anging, durfte ich meinen gestalterischen Fähigkeiten freien Lauf lassen. Hier konnte ich von Glück sagen, daß ich Erfahrungen in diesem Bereich schon gesammelt hatte und einbringen konnte. Meine Arbeit füllte mich derart aus, daß sie zu einem Sieben-Tage-Job auf dem Baugelände ausartete und ich mir schon ernsthaft überlegte, meine Wohnung aufzugeben.

Aber auch diese Stelle währte nicht ewig. Der Grund war wieder mal mein Mann. Ja, ich war immer noch zuversichtlich, was einen Neubeginn meiner so glücklos verlaufenen Ehe anging. Durch ein Telefonat wußte ich, daß er in Frankfurt wohnte. Nichts hielt mich mehr am Bodensee, es zog mich Richtung Norden. Durch die Beziehungen in meinem bisherigen Job lernte ich einen Gaststätteneinrichter kennen. Welch glücklicher Umstand: Die Frankfurter

Gegend war sein Arbeitsgebiet. Und nichts wie ab, in die Nähe meines Noch-Mannes. Konnte ich das „noch" bald streichen?

In meinem neuen Job hatte ich alle Freiheiten, die man sich wünschen konnte, und das Verhältnis zu meinem Vorgesetzten war ausgezeichnet. Aber auch diese Stelle behielt ich nicht allzu lange, was diesmal aber nicht mir zuzuschreiben war. Die Geschäfte verliefen in jener Zeit nicht sehr erfolgreich. Als mein Chef mir kein Gehalt mehr zahlen konnte, stand ich wieder auf der Straße und mußte mich nach etwas Neuem umsehen. Dies tat ich dann auch, und zwar gründlich. Ich streifte endlich meine „alte" Ehe ab, wie Eidechsen die Haut wechseln, wenn sie ihnen zu klein geworden ist. Gestärkt und für neue Taten gerüstet, lernte ich so meinen jetzigen Mann kennen. Er war es, der mir immer wieder Mut machte und in schwierigen Zeiten die notwendige Unterstützung gab. Mit Richard hatte ich endlich einen ruhenden Pol gefunden. In meinem hektischen Leben hatte ich mich von Süd nach Nord hochgearbeitet. Was die Geographie anbelangte, war ich nun angekommen. Karrieremäßig mußte sich dies erst noch zeigen, und so setzte ich zu meinem Hattrick, dem dritten Großangriff auf eine Stelle, an.

In einer Unternehmensberatung im Rhein-Main-Gebiet war die Position einer Vorstandssekretärin vakant. Dort rief ich an, wurde aber von einer netten Kollegin auf 17 Uhr 30 vertröstet, und als auch dieser Anruf zu keinem Resultat führte, wollte ich resigniert aufgeben. Richard ermutigte mich, es wenigstens noch einmal zu versuchen, und ohne diese Aufmunterung hätte ich sicherlich keinen weiteren Vorstoß gewagt. Mit dem Herz in der Hand klappte es, und ich bekam einen Vorstellungstermin. Bereits zwei Tage später lernte ich Herrn Baier kennen. „Ich würde Sie sofort einstellen, doch der anderen Bewerberin muß ich wenigstens eine Chance geben", so seine aufmunternden Worte zum Abschluß unserer Begegnung. Mit dem Versprechen, mich am nächsten Tag um 20 Uhr anzurufen, gingen wir auseinander. Ich erhielt das Telefonat und die Stelle. Das war übrigens das einzige Mal, daß Herr Baier eine Zusage pünktlich einhielt.

Die ersten Tage meines beruflichen Wirkens in der Unternehmensberatung waren recht günstig gewählt, fielen sie doch in die Zeit des dreiwöchigen Urlaubs von Herrn Baier. So konnte ich die ganze Sache langsam angehen lassen und hatte genügend Zeit, mich systematisch durch die Stapel von Ablage, Info-Materialien und Akten meiner Vorgängerin zu wühlen. In dieser Zeit fühlte ich mich abends völlig erschöpft. Wie ein Maulwurf, der den ganzen Tag sein Erdreich durchgegraben hat. Ansonsten war es sehr ruhig im

Büro. Die Ruhe vor dem Sturm? Nach seiner Rückkehr übertrug mir mein Chef die gesamte Media-Verwaltung mit einem Werbeetat von ca. zwei Millionen Mark. Sicherlich eine rühmliche Sache, aber es war ein Sprung ins kalte Wasser, und mir blieb wirklich nichts anderes übrig, als zu schwimmen – ohne Land in Sicht!

Einer unserer Kunden, ein großer Möbelhersteller, ließ durch uns in Deutschland und den benachbarten deutschsprachigen Ländern ein Lotteriespiel veranstalten. Meine Aufgabe war es, die Lose in verschiedenen Annahmestellen und Geschäften verteilen zu lassen. Das hörte sich einfach an, aber wehe, wenn die Hauptgewinne nicht sorgfältig an die verschiedenen Adressen verteilt waren! Wer den Hauptgewinn gezogen hatte, durfte sich übrigens bei mir melden. Egal, ob am Wochenende oder spät abends! Frau K. ist stets für Sie da!

So ganz nebenbei hielt ich außerdem die Kontakte zu allen möglichen Verlagen und Pressehäusern, mit denen wir Werbeveranstaltungen und Pressetermine für unsere Kunden arrangierten. Zwischendurch mußten noch seitenlange Präsentationsunterlagen geschrieben werden, durchsetzt von Grafiken und selbstverständlich ohne PC. Hinzu kam, daß allein 20 Prozent meiner Arbeitszeit auf Nachforschungsaktionen entfielen. Nachforschungen nach Dingen, die mein Chef irgendwo hatte liegenlassen. Dieser Mann vergaß einfach alles, wo er stand und ging. Ich war jedes Mal diejenige, die dafür sorgen mußte, daß seine sieben Sachen wieder „auftauchten".

Nach zwei Jahren machte Herr Baier mir den Vorschlag, als Sekretärin des Vorstandsvorsitzenden zu arbeiten. Ich kannte diesen Herrn Dr. Neumann nicht gut, aber die Aussagen meiner Vorgängerin begeisterten mich nicht gerade. Trotzdem getraute ich mich nicht, das Angebot von Herrn Baier abzulehnen. So begann ich also eher unfreiwillig mit meiner Arbeit für Dr. Neumann. Und nicht nur für ihn, auch Herrn Baier hatte ich noch zu betreuen, da eine Nachfolgerin für mich noch nicht gefunden war. Wie heißt es so schön in der Werbung: „Two in one"! Ich war also Haarshampoo und Haarspülung in einem.

Dr. Neumann verlangte alles, und das war ihm meist noch nicht genug. Anfangs konnte Herr Baier noch seine alten Ansprüche an mich geltend machen, und Herr Dr. Neumann hielt sich, was Erledigungen für, mit und um ihn rankte, zurück. Dies änderte sich jedoch bald. Dr. Neumann meldete ebenfalls Ansprüche an, und ich saß buchstäblich zwischen zwei Stühlen. Also mußte ich eine Sekretärin für Herrn Baier finden. Diese Aufgabe hatte ich scheinbar zu aller Zufriedenheit gelöst. Denn von diesem Zeitpunkt an war ich zu einem neuen Aufgabenkomplex gekommen, den ich bald für das gesamte Unternehmen ausfüllte: Personalsuche, -versorgung und -fürsorge. Ich schaltete nicht nur Anzeigen, führte Vorstellungsgespräche, schrieb Verträge und stellte ein. Nein, ich arbeitete die neuen Sekretärinnen auch ein. Sogar jeder neue Berater wurde von mir auf das Mütterlichste versorgt. Ich suchte und fand Wohnungen oder Häuser, besorgte Dienstwagen, bestellte Möbel für die neuen Büros und wies ihnen Sekretärinnen zu. Alles nach Wunsch, die Lieferung erfolgte frei Haus.

Daß dieses Pensum nicht an einem normalen Arbeitstag zu schaffen war, leuchtet ein. Wen wundert es da, wenn ich vor 20 Uhr kaum Frischluft zu schnuppern bekam? Auf meinem Schreibtisch häuften sich Berge von Aktenordnern, Klarsicht-, Wiedervorlage-, Projektmappen und dergleichen. Nur noch durch Farbmarkierungen konnte ich Frau der Lage werden und den Überblick behalten. Allmählich hatte ich den Eindruck, daß der Stapel nie weniger wurde. Vielleicht ging nachts jemand ins Büro und legte mir heimlich noch Vorgänge drauf?

Nach kurzer Zeit beschloß Herr Dr. Neumann, daß ich von nun an nur noch für ihn zuständig sein sollte und seine Angelegenheiten stets oberste Priorität hätten. Er hatte also gewonnen. Unter Prioritäten verstand Herr Dr. Neumann vor allen Dingen seine privaten Aktivitäten und Belange. Dies waren hauptsächlich seine Häuser oder Liegenschaften, Hotels und andere Kapitalanlagen, verstreut in ganz Deutschland. Nicht, daß meine täglich anfallende Büroarbeit anderweitig erledigt wurde, nein, zusätzlich war ich nun verantwortlich für Mieterhöhungen und Abrechnungen, schrieb Präsentationen von sechzig bis siebzig Seiten Länge, organisierte Besprechungen, rechnete Reisekosten ab. Jede Geschäftsreise mußte bis ins i-Tüpfelchen ausgefeilt sein, alles andere akzeptierte er nicht. Seine diversen Extrawünsche führten bei mir zu ständigen Adrenalinstößen, so daß der Adrenalinpegel schon bald keine Chance mehr hatte, ein normales Level zu erreichen. Weilte er zur Zeit der Festspiele in Salzburg, so benötigte er Eintrittskarten. Daß es keine Karten, aber vor allem kein freies Hotelbett mehr gab, war für ihn so unverständlich, als ob bei der Imbißbude an der Ecke die Pommes ausgegangen wären. Und meist habe ich dann auch noch alles irgendwie nach seinem Geschmack arrangiert. Ein Dankeschön? Weit gefehlt, dieses kleine Zauberwort war und ist in seinem Wortschatz nicht enthalten. Ganz im Gegenteil, er fand immer noch eine Kleinigkeit, die man hätte besser machen können.

28 Johanna K., 43 Jahre

Hatte er auf einer Reise eine Decke aus einer besonderen Wolle entdeckt, so mußte ich sie ihm besorgen – ohne Hintergrundinformationen über Aussehen, Größe, Farbe oder nur dem geringsten Anhaltspunkt, wo derartiges erhältlich war. So zählte ebenfalls Detektiv zu meinem Berufsrepertoire. Auch seine privaten Reisen habe ich vorbereitet, genau wie die Dienstreisen – vom Tag der Abfahrt bis zum Tag der Ankunft militärisch genau durchgeplant und organisiert. Aber gegen Naturgewalten bin auch ich machtlos, und gerade solch eine ließ seinen Stop-over auf einer Südseeinsel ausfallen. Um mir dies mitzuteilen, rief er mich mitten in der Nacht an. Er, der Vorstandsvorsitzende einer großen Unternehmensberatung, fragte mich, die Sekretärin, was er nun machen sollte. Ich war viel zu müde, hatte noch nicht einmal die Kraft, empört den Hörer aufzulegen. Oder war es der Überrumpelungseffekt, als ich mich sagen hörte: „Erkundigen Sie sich doch bitte am Flughafen, wann das nächste Flugzeug startet."

Nächtelang saß ich im Büro, Urlaub hatte ich kaum noch, geschweige denn ein Privatleben. Dies alles versuchte ich zu überspielen, mit einer Überdosis Nikotin und Koffein. Häufig fühlte ich mich schon morgens elend und hatte beklemmende Atemnot. An einem extrem hektischen Tag fühlte ich mich ganz besonders schlecht und hatte das Gefühl, jemand würde mir den Hals zuschnüren und alles würde schwarz werden. So war es wohl auch, denn als ich wieder zu mir kam, fand ich mich in einem Krankenzimmer wieder: Intensivstation. Mir ging es schlecht, und das einzige, wonach ich mich sehnte, war Ruhe und Schlaf, ein erholsamer, langer Schlaf. Tiefe Venenthrombose mit Lungenembolie war die Diagnose. Ein Glück, daß man mich rechtzeitig eingeliefert hatte. Kaum aus der Intensivstation entlassen, besuchte mich Herr Dr. Neumann im Krankenhaus. Schnell merkte ich, daß der eigentliche Grund ein Schriftwechsel war, den er unbedingt benötigte, und er nicht wußte, wo er suchen sollte. Nach meiner Auskunft verschwand er und wurde in all den Monaten meiner Genesung nicht mehr gesehen.

Nur langsam erholte ich mich von der Krankheit und fing erst nach sechs Monaten wieder an zu arbeiten. Anfangs nahm Herr Dr. Neumann noch Rücksicht auf mich. Doch wie schnell war dies vorbei, und er verfiel wieder in den alten Trott – und ich auch. Irgendwie schaffte ich das Arbeitspensum, und so wuchs der Berg vor mir auch schon wieder zu enormen Höhen heran. Ein Teufelskreis, mit keinerlei Chance, irgendwie auszubrechen: Je mehr ich wieder leistete, um so mehr Aufgaben wurden mir von Herrn Dr. Neumann auferlegt.

Doch auch er hatte in jener Zeit Probleme, und zwar in seiner Ehe. Bald kam es zur Trennung von seiner Frau. Von da an spielte sie mir auch nicht mehr die Grande Dame vor, sondern veranstaltete Femme-fatale-Auftritte an der Rezeption oder belästigte mich mit Telefonanrufen zu Hause. Wie so viele glaubte auch sie, daß eine Sekretärin stets wisse, wo sich der Chef aufhält. Nur weil man mehr Stunden zusammen mit ihm verbringt als die eigene Ehefrau! Vielleicht aus Rache räumte sie das gemeinsame Haus leer und nahm alles mit, was nicht niet- und nagelfest war. Ihr Benehmen signalisierte mir, daß sie das Ende ihres Luxuslebens, die Zeiten der uneingeschränkten Einkäufe in München oder Paris, erkannte. Auch großzügige Geschenke würde es wohl keine mehr geben. Außergewöhnlich mußten sie sein, ich weiß es nur zu gut, denn ich habe sie ausgesucht und besorgt.

Diese Zeit war schlimm für Dr. Neumann – aber auch für mich. Morgens war ich für ihn der „seelische Mülleimer", in den er all seinen Kummer warf. Einfach nur da sein, war dann meine Devise. Nach der Scheidung wurde Frau Neumann großzügig abgefunden und ich beauftragt, ein passendes Haus für sie zu finden. Eine meiner leichtesten Übungen! Ich war froh, als endlich alles vorbei war, für mich und für meinen Chef. Und doch war es jene Zeit, die prägend für unser Verhältnis war: Er vertraute mir blindlings, und ich fand meine Bestätigung.

Kaum waren diese wirren Monaten vorbei, holte uns die tägliche Arbeit schnell wieder ein. Weniger wurde sie auf keinen Fall, im Terminkalender war noch nicht einmal mehr ein winziges Plätzchen frei. Um wenigstens einige Dinge ungestört und in Ruhe erledigen zu können, wurde ich zur Frühaufsteherin und ging eine Stunde vor allen anderen an die Arbeit. Die Mittagspause entfiel grundsätzlich. Herr Dr. Neumann gönnte sich keine, wieso dann ich? Anstelle dessen war ich für seinen vegetarischen Mittagsteller (in meiner Mittagspause!) zuständig: Ich besorgte Obst und Gemüse, putzte es und kredenzte es ihm in mundgerechten Happen. Nur kauen mußte er noch. Kamen über Mittag Gäste, glich meine Einkaufstüte der einer Restaurantbesitzerin, denn auch diese mußten von mir mit kleinen Leckereien verköstigt werden. „Warum tue ich das?" habe ich mich oft gefragt. Meine Vorgängerin hat es auch getan und warum an alten Traditionen rütteln?

Herr Dr. Neumann gehört zu jenen Menschen, die sehr charmant und hilfsbereit wirken. Er ist jemand, der sich nicht scheut, sich mit fremden Federn zu schmücken. In den meisten Fällen mit meinen. Wie viele Briefe habe ich gelesen, aus denen Dankesbezeugungen an ihn nur so hervorquollen. Nicht eine einzige Lobeshymne hat sich je zu mir verirrt. Als Motivationsschub hätte sie mir sicherlich eine Menge Auftrieb gegeben.

Für seine neuen, zahlreichen Freundinnen besorgte ich die Blumen und Geschenke. Wie sehr hätte auch ich mich einmal über eine Kleinigkeit gefreut. Seine Freundinnen waren jedoch so schnell out wie die Blumenpräsente welkten, daher nannte ich sie nur die „Altlasten". Eine seiner Verehrerinnen schrieb ihm einmal, sie wäre gerne seine Sekretärin, dann könne sie den ganzen Tag mit ihm zusammen sein. Ihr haben wohl die Abendstunden nicht gereicht. Nach einem Arbeitstag hätte sie ihn mir sicher als Umtauschware zurückgebracht.

Unangenehm war für mich nach jedem seiner Urlaube das Abholen der Fotos. Die „hüllenlosen" Bilder waren peinlich, deshalb schickte ich später den Hausmeister in den Fotoladen, der mir diese mit hochrotem Kopf zusteckte. Neugier hat eben ihren Preis. Anscheinend war es Herrn Dr. Neumann ganz egal, ob seine Angestellten wußten, wie Gott ihn geschaffen hat. Völlig konträr dazu waren seine entrüsteten Äußerungen über barbusige Titelbilder, ganz so, als ob es sich um etwas Obszönes handele.

Oft wird behauptet, der Mann ab 50 werde ruhiger. Bei der Studie muß man Herrn Dr. Neumann nicht bedacht haben. Seinen 50. Geburtstag wollte er ganz groß feiern. Sie erraten sicher sehr schnell, wer der Organisator im Hintergrund dieser Festivität war. Auf meinem Projektplan standen: Einladungen entwerfen und versenden, ein Nobelrestaurant für die Anlieferung der kulinarischen Genüsse ausfindig machen, einen Klavierspieler auf Musikalität prüfen und engagieren. Letztendlich mußte noch sein Haus auf Vordermann gebracht und festlich geschmückt werden. Als Indiz dafür, daß es keine seiner Freundinnen lange bei ihm aushielt, fand ich die Tatsache, daß weder genügend Tisch- noch Bettwäsche im Haus war. Oder aber die ehemalige Frau Neumann war bei ihrer Aufräumaktion sehr gründlich gewesen.

Am Samstag begab ich mich auf den Weg zum Haus meines Chefs, beladen mit Körben, die alles Wesentliche aus meinem Privathaushalt enthielten, so daß dieses Fest ein Erfolg werden würde. Den ganzen Tag wirbelte ich durch das Haus und glich einer Sprungfeder, deren Elastizität gegen abend doch stark nachließ. Noch kurz duschen und stylen für den Abend. Nicht, daß ich eingeladen war. Nein, ich war für die Begrüßungshonneurs zuständig und sollte mich danach unauffällig verabschieden. Wobei die Betonung auf dem Wort „unauffällig" lag.

Als Begrüßungskomitee hatte ich endlich Gelegenheit, die versammelte Crew von Firmenchefs plus Anhang aus der Nähe zu betrachten. Von den meisten Herren wurde ich nett und höflich begrüßt. Die Damen an ihrer Seite hingegen würdigten mich kaum eines Blickes. Wer war ich denn schon? Wozu einen Gruß verschwenden? So schnell würden sie mich wohl kaum wiedersehen. Auch nach diesem gelungenen Festabend war kein Dankeschön von Herrn Dr. Neumann zu hören. Hatte ich denn damit gerechnet? Vielleicht doch ein klein wenig, mußte ich mir eingestehen.

Pedanterie – eine seiner weiteren Eigenschaften. Er dachte an alles und traute keinem anderen zu, eine Sache ohne Fehler durchzuziehen. Aber meinen Geburtstag vergessen, das konnte er. Einmal war es ihm so peinlich, daß er meinem Mann und mir eine Reise schenkte, die ich in vollen Zügen genoß. Gegen weitere Entschuldigungen dieser besonderen Art hätte ich nichts einzuwenden gehabt. Aber die spendable Geste tat es dann seiner Meinung nach wieder für die nächsten fünf Jahre. Nach dem Motto: ,,Nicht so üppig, man könnte übertreiben."

Nach England bin ich ja nie gekommen. Wäre ich dort gewesen, hätte ich es nicht mehr nötig gehabt, meine Englischkenntnisse aufzubessern. Sehr viel Überzeugungskraft und stetiges Ankämpfen gegen Dr. Neumann, der mich zunächst immer wieder abprallen ließ, führten schließlich doch zum Erfolg. Ich durfte einen zweiwöchigen Intensivkurs absolvieren. Dafür mußte ich unterschreiben, daß ich bei Kündigung innerhalb der nächsten zwei Jahre das Seminarentgelt zurückzahle. Und das nach über zehn Jahren Dienstzugehörigkeit! Wenn es nicht so traurig gewesen wäre, hätte ich eigentlich lachen müssen über soviel Unverfrorenheit. Aber ich habe auch diesmal getan, was er wollte, und fühlte mich dabei als Bumerang, der versucht zu entkommen, aber zwangsläufig immer wieder zu seinem Werfer zurückkehrt.

Irgendwann teilte er mir mit, daß er wieder heiraten wolle, und zwar in seiner Geburtsstadt. So erarbeitete ich ein Drei-Tages-Programm, ganz nach seinen Vorstellungen und selbstverständlich denen der zukünftigen Frau. Ich kannte Charlotte von einigen Besuchen in der Firma und stellte bald fest, wie schnell jede Frau Neumann nach und nach nicht mehr in der Lage war, die einfachsten Dinge selbst zu erledigen. Sie reiste durch die Weltgeschichte, war Kunde in fast allen europäischen Hauptstädten. Die Möbel, das Geschirr und die Bilder alle in das Wohnhaus schaffen zu lassen, und zwar so, daß sie auch noch Platz fanden, war meine Aufgabe. Wäre ich zudem perfekt in allen Sprachen der Europäischen Gemeinschaft, hätte ich es bestimmt einfacher gehabt, all die

32 Johanna K., 43 Jahre

kleinen Rechnungen anzuweisen, ohne Angabe von Bankverbindungen und dergleichen, oder mit einem spanischlamentierenden Spediteur aus Madrid an der Telefonmuschel.

Das Hochzeitsprogramm wurde ständig geändert, sogar die Auswahl des Festmenüs war so kompliziert wie das Komponieren einer Oper. Als das Werk endlich vollendet war, war ich fix und fertig und froh, meinen Chef für ein paar Tage los zu sein. Niemand wußte von seiner Heirat, und von mir erfuhr keine Menschenseele auch nur ein Wort. Kaum waren sie von der Hochzeitsreise zurückgekehrt, hatte ich nun zwei Personen am Hals, um die ich mich kümmern mußte. Wobei die neue Frau Neumann die ehemalige noch um einiges übertraf. Im Gegensatz zu ihr konnte man Dr. Neumann als anspruchslos bezeichnen. Auf ihren zahlreichen Reisen kaufte sie anscheinend ganz Europa auf. Da ein Bild, hier eine Skulptur, dort einen Teppich. Für was man alles Geld ausgeben kann! Das Haus der Neumanns sah in kürzester Zeit aus wie ein Museum, es fehlten nur noch die roten Seile mit den Schildern ,,Bitte nicht berühren" und die Wegweiser ,,Eingang" und ,,Ausgang".

Eines Tages sollte in Brüssel eine Vase abgeholt werden. Für diesen Transport hielt Frau Neumann eine Spedition allerdings nicht für das geeignete Unternehmen. So machte sich in einer Nacht-und-Nebel-Aktion unser Hausmeister samt Sohn nach Belgien auf, um das wertvolle Stück hoheitsvoll ins Land zu holen. Eine Aufmerksamkeit in Form von Worten, Wein, Blumen oder Geld haben die beiden nie gesehen, warum auch?

Aufgerieben durch häufige Geschäftsreisen bleibt Herrn Dr. Neumann kaum noch Zeit für das Tagesgeschäft, das notgedrungen auf den späten Abend oder in die Nacht verlegt werden muß. In diesen Situationen stehe ich ihm immer bei und unterstütze ihn, dieses oder jenes noch aufzuarbeiten. Jene Momente, wenn wir dann nachts im Büro zusammenhocken, bringen uns persönlich einander näher. Er erzählt seine Geschichten, und ich höre ihm andächtig zu. Ich liebe diese Geschichten, die Art und Weise, wie er sie zu erzählen versteht. Übertreibungen sind natürlich immer dabei, und seine Person, wie kann es auch anders sein, steht immer im Vordergrund. So auch in der einen aus dem Rotary Club, für ihn der Club der Hundertjährigen, als er in den USA beim Singen der Nationalhymne die US-Flagge schwenken sollte.

Gottlob gibt es moderne Kommunikationsmittel, alles ist so viel einfacher geworden. Wer das sagt, kennt Herrn Dr. Neumann nicht. Gerade die permanente Erreichbarkeit, sicher ein hervorragendes Motto für die Werbung, bringt mich zur Verzweiflung und meine Arbeit zum Erliegen. Kaum ist Herr Dr. Neumann aus der Tiefgarage gefahren, für mich früher die Zeit des Aufatmens, klingelt schon mein Telefon. Am Bimmelton erkenne ich meinen Meister, der mir kurz noch etwas mitteilen muß. Auf dem Weg zu einer Besprechung verfahren, ruft er mich an – trotz Anfahrtsskizze mit rot markiertem Wegeverlauf –, und ich leite ihn dann anhand eines Stadtplanes am Telefon durch eine mir fremde Stadt. Würde diese Aktion scheitern, so hätte mit großer Sicherheit nur eine Person schuld.

Ein klassisches Gebiet der Sekretariatsarbeit ist auch eine meiner Hauptaufgaben: ,,Herr Dr. Neumann ist nicht im Hause, kann ich Ihnen weiterhelfen?" Man kann dies auch als Filtern von unwichtigen Personen bezeichnen, die ihm angeblich interessante Projekte vorstellen und die dafür nötige Finanzspritze entlocken wollen. Sie haben keine Chance! Ich bin das Bollwerk der Chefetage, und wen ich nicht durchlassen will, der kann sich bei mir sprichwörtlich die Hörner abstoßen. Neben all der Bevormundung und Besserwisserei seitens Herrn Dr. Neumann, blühe ich auf, wenn ich seinen beruflichen und privaten Terminplan perfekt organisieren kann. Ich entscheide, ob er montags zwischen einer Besprechung mit Abteilungsleitern und Telefonaten mit Kunden noch zum Friseur gehen kann oder ob der Pressetermin in Hamburg am Freitag noch zu realisieren ist. Er hat schon manchmal versucht, mir diesen Einfluß zu nehmen – und schnell wieder die Finger davon gelassen, denn nichts klappte mehr. Meine Terminabsprachen sind immer perfekt, außer die Gegenseite sagt ab. Wie eine Walküre verteidige ich mein Reich, und er wagt es kaum, sich aufzulehnen. Plane ich für ihn einen Bürotag ein, so hält er sich daran. ,,Nicht immer, aber immer öfter!"

Fast noch wichtiger für ihn ist meine permanente Anwesenheit, die Gewißheit, daß ich immer für ihn da bin. Alle wichtigen und unwichtigen Dinge in seinem Leben werden von mir gesteuert, kontrolliert und – zugegeben – bei Bedarf auch schon mal vergessen. Ansonsten hat mich mein Gedächtnis noch nie im Stich gelassen, da bin ich wie ein Elefant, dem man auch ein gutes Erinnerungsvermögen nachsagt. Ich kann mich abrufen wie einen Computer, geht es um den Skilehrer von vor sechs Jahren in St. Moritz oder um Herrn Sowieso, der Anno Tobak die Firma XYZ verlassen hat. Kein Problem, alles ist in meinem PC, pardon: Gehirn, fest eingespeichert.

Dr. Neumann liebt das Extreme, verlangt von sich selbst alles, und so ist diese Leistung auch von anderen ganz selbstverständlich zu erbringen. Vielleicht ist dies das Geheimnis seines Erfolges. Brauche ich seinen Antrieb, um

34 Johanna K., 43 Jahre

meinen Motor auf vollen Touren laufen zu lassen? Treibt mich sein eiserner Wille zur Perfektion? Oder stelle ich selbst diese kaum zu erfüllenden Anforderungen an mich?

Manchmal frage ich mich jedoch, wie ich all diese Jahre mit ihm ausgehalten habe. Ich bin ja nicht mit ihm verheiratet, und es zwingt mich kein Mensch, bei ihm zu bleiben. Stets, wenn ich Abwanderungsgedanken in mir trage, habe ich das Gefühl, ihn zu hintergehen. Ich liebe meinen Beruf, er füllt mich rundum aus. Ist es das, was mich hier hält? Vielleicht ist es die Hoffnung auf den Tag, an dem er nichts, aber auch gar nichts, auszusetzen hat. Denn warum begebe ich mich sonst freiwillig in die Art moderner Sklavenhaltung. Ich, ausgestattet mit einer guten Portion Durchsetzungsvermögen, habe es bei ihm nie geschafft, nein zu sagen. Ich möchte ihm immer alles recht machen und weiß doch ganz genau, daß er dies nie zulassen wird. Mein Ziel, seiner stark neuroseverdächtigen Perfektion zu entsprechen, rückt damit in unerreichbare Ferne. Meine Frustration scheint auch gleichzeitig mein Antrieb zu sein, es immer wieder zu versuchen. Der Autorität von Dr. Neumann kann ich mich nicht entziehen. So werde ich diesem Teufelskreis wohl nie entrinnen, oder will ich es vielleicht gar nicht?

Bei vielen Kollegen und Kolleginnen bin ich wahrscheinlich nicht sonderlich beliebt, da ich den Druck, dem ich ausgesetzt bin, manchmal weitergebe. Dies aber doch nur, um nicht selbst erdrückt zu werden. Und so kommt es, daß ich eigentlich alleine bin!

Sybille Sch., 48 Jahre

Eine Kostprobe aus dem Tagein-tagaus des Automobilhandels

Nach meiner mittleren Reife, die ich – meine Eltern preisen noch heute diesen Tag – mit mehr Ach als Krach bestand, stürzte ich mich in das Berufsleben. Den Traumberuf aller jungen Mädchen zu erlernen, das schwebte mir vor. Den Duft der großen weiten Welt zu schnuppern, andere Kulturen, andere Länder kennenzulernen. Mit einem Wort: Stewardeß werden – das war es! Damals, vor über 30 Jahren, gehörte die Lufthansa mit großem Abstand zu den ersten Adressen im internationalen Linienflugverkehr, und wer es schaffte, dort unterzukommen, der war sicher, in den Genuß einer erstklassigen Ausbildung zu kommen. Ich wollte endlich etwas erleben, selbst etwas schaffen, nicht immer nur stur auf der Schulbank sitzen und passiv den Lernstoff in meine ach schon so mit theoretischem Stoff vollgesogenen Ohren aufnehmen. Nun konnte es losgehen mit dem Berufsleben. Hatte ich es selbst doch schon mit all seinen Höhen und Tiefen als Kind und Teenager von ,,Unternehmereltern" hautnah mitbekommen. Dem, was mir bevorstand, blickte ich gelassen entgegen.

Aus heutiger Sicht gesehen, waren die Jahre meiner Ausbildung wirkliche Lehrjahre, also keine Herrenjahre. Turbulent und aufregend ging es zu, aber auch anstrengend und hart war die Zeit, die mein Leben und meine spätere Laufbahn maßgeblich bestimmt haben. Als Relikte aus jenen Tagen habe ich mitgenommen:

- jede Dienstleistung, und sei sie noch so gering, mit einem freundlichen Lächeln zu erledigen,
- Höflichkeit und korrektes Auftreten, beides Eigenschaften, die eine Stewardeß auch in noch so brenzligen Situationen auszeichnen,
- und last but not least Menschenkenntnis.

Alles Fähigkeiten, die immens wichtig sind, um in jeglicher Art von Beruf klarzukommen. Warum also noch das Idealbild einer Stewardeß verkörpern, wenn die ganze Welt mir offensteht?

36 Sybille Sch., 48 Jahre

Dieser Frage ging ich nach. Meinen Erlebnisdurst, was die Fliegerei anbelangte, hatte ich längst gestillt. Nein, missen möchte ich das kurze freie Leben in den Metropolen, erhascht auf Zwischenstationen in der ganzen Welt, nicht. Auch nicht die harte Arbeitszeit dazwischen in der Luft. Aber es reichte, und der Drang, etwas Neues zu machen, war groß. So schnupperte ich in verschiedene Bereiche der Arbeitswelt hinein und blieb schließlich in einer der größten Brauereien Deutschlands stecken. Wieso gerade dort, ist mir bis heute noch nicht ganz klar. Vielleicht war es die Chance auf eine Karriere à la Amerika: von der Tellerwäscherin zur Milliardärin, auf mich bezogen eher die Stationen Aushilfskraft bis hin zur Chefsekretärin. Mit Zielstrebigkeit, hartem Arbeitseinsatz und der Kenntnis: ,,Ich weiß, was ich will", verbrachte ich viele Jahre dort, setzte mich voll für die Ziele des Unternehmens ein. ,,Ich kann alles", war in den Jahren meine Devise, und nicht zuletzt aufgrund dessen habe ich es geschafft – so dachte ich zumindest lange Zeit, wurde aber bald eines Besseren belehrt. Positionen, die man innehat, können einem sehr schnell untreu werden, wenn die Menschen wechseln, die dahinter stehen. Oder war es der ,,American way of life", der mich meines Jobs beraubte? Kurzum: Die Mehrheitsbeteiligung der Brauerei ging an Amerikaner, und damit wehte nicht nur ein neuer Wind, sondern auch ein neuer Arbeitsvertrag auf meinen Schreibtisch. Der neue erste Mann, der über den großen Teich kam, hatte seine eigene Sekretärin im Schlepptau gleich mitgebracht. Meine Fähigkeiten, die ich bis dato für unverzichtbar hielt, waren mit einem Mal nicht mehr gefragt. Innerhalb der neustrukturierten Firma bot man mir irgendeinen zweitklassigen Job an, für mich der Inbegriff des Umkehrschlusses meiner amerikanischen Karrierestationen.

Bei meiner neuen beruflichen Orientierung führte mich mein Weg zurück zu jener Leidenschaft, die mich schon als junge Frau fasziniert hatte: zum Motorsport. Als Kind hatte ich mit meinem Vater Autorennen besucht und mich später sogar selbst in der Männer liebstes Spielzeug gesetzt. Der Eintritt in deren heißgeliebte Domäne bedeutete für mich damals den Rausch der Geschwindigkeit im Rennen zu erleben.

Während dieser Phase der Neuorientierung kam ich also zum Nürburgring, jenem Treff Motorsport-Begeisterter und Spritgeruch-Süchtiger. ,,War dort nicht gerade Herr Braun, der auf der Benefiz-Gala der Brauerei war?", fuhr es mir durch den Kopf. Und richtig, auch jener Besitzer eines der größten Autohäuser Europas hatte mich wiedererkannt und kam lächelnd auf mich zu. Ob es nun mein fundiertes Wissen war über Autos und alles, was dazugehört, oder der Hinweis, daß ich seit der Brauerei-Umstrukturierung mehr oder weniger arbeitslos sei, kann ich heute nicht mehr nachvollziehen. Auf jeden Fall bot er mir eine Position als seine Sekretärin an. Noch nie war ich bis dato auf so unkomplizierte Art zu einer Anstellung gekommen. Fasziniert, nun als begeisterte Autofahrerin für diesen sympathischen Mann die rechte Hand zu spielen und das berufliche Auf und Ab mit ihm zu teilen, verging die Zeit bis zum Beginn meiner neuen Tätigkeit wie im Flug.

An meinem ersten Arbeitstag fuhr ich voller Erwartung zu der mir bekannten Adresse in die Innenstadt und lancierte mein Auto sicher auf den Kundenparkplatz inmitten der Ausstellungs- und Bürogebäude, wo mich Herr Braun bereits freudestrahlend erwartete. Ein Hochgefühl, so empfangen zu werden! Es konnte wahrlich kaum besser werden! Und das sollte es auch nicht, als ich mein Büro sah. Sah? Die Augen brauchten nicht allzuweit in die Runde zu schweifen, da es nicht viel zu sehen gab. Als Büro hatte diese viereckige Hutschachtel bisher wohl nicht gedient, eher als abrißwürdiges Pförtnerhäuschen einer alten Fabrik. Ganz so hatte ich mir meinen neuen Schaffensplatz nun doch nicht vorgestellt. Mein Gesichtsausdruck muß Bände gesprochen und Herrn Braun zu der Bemerkung veranlaßt haben, daß dies für ihn der beste Arbeitsplatz im ganzen Geschäft überhaupt sei, er sich jedoch mit dem Gedanken trage, ein neues Büro an dieser Stelle zu errichten. – Gott sei Dank!

Sein eigenes Büro dagegen glich eher einem Präsentierteller als einem in sich abgeschlossenen Domizil für Unternehmensbosse. Von allen Seiten her einsehbar, thronte er über dem gesamten Geschehen. Ihm entging nichts. Stets mitten drin im Tagesgeschäft, genoß er es, auf jeden und alles ein wachsames Auge zu werfen. Ob dies auch von den Mitarbeitern so gesehen wurde, wage ich kaum zu beantworten. So begann mein erster Tag mit einer Überraschung, mit einem mir noch völlig unbekannten Chefgebaren: einem Brötchengeber zum Anfassen, nicht wie in vielen anderen Firmen, wo der Boß nur per Fotografie zu haben ist.

Es folgten weitere Tage, in denen ich tiefer in die Motorwelt mit all ihren Tücken eindrang. Mein Herrschaftsgebiet erschien mir gerade in der ersten Zeit als eine Station in der Boxenstraße der Formel-1-Welt. Jeder brauste einmal vorbei, um etwas abzugeben, durchzurufen oder einfach nur „Hallo!" zu sagen. Die Tür zu Herrn Braun stand immer offen, so, wie das üblich ist zwischen Mechaniker und Rennleitung und jeder immer über alles unterrichtet ist, ohne regelmäßige Absprache.

38 Sybille Sch., 48 Jahre

Noch mehr PS unter die Haube seiner engsten Mitarbeiterin brachte Herr Braun, als er mir vorschlug, den Ferrari-Verkauf mehr oder weniger eigenständig zu übernehmen. Voll der Liebe für den unerreichbaren, nie in meine Gehaltssphäre passenden Autotraum, widmete ich mich dieser Sonderaufgabe. Daß mein geplantes Büro der Ferrari-Karawane weichen mußte, war die Kehrseite der Medaille. Der Ort, an dem mein Traumbüro einst stehen sollte, ist nun die Heimat dieser überaus eleganten Autos, zu denen die hypermoderne Ausstellungshalle weitaus besser paßt.

Nach einem in Gemeinschaftsarbeit ausgeklügelten Konzept wurde die Ausstellungshalle mit eigener Werkstatt in die Tat umgesetzt. Voller Stolz ließ ich zur Einweihungsfeier das gesamte Gebäude in Ferrarirot dekorieren. Anstelle von Blumenbouquets wurden die mit rotem Lacktuch gedeckten Tische mit Tomaten geschmückt, der Boden bekam einen roten Teppich, und als Krönung gab es für die Gäste roten Cocktail. „Rotlichtmilieu-Atmosphäre" schimpfte Herr Braun, der diese Dekoration für eine totale Schnapsidee hielt, zudem nicht adäquat für seine ach so konservativen Kunden. Lange habe ich für diese avantgardistische Ausstattung der Halle gekämpft, bis endlich das erlösende „Ja" folgte. Alles in allem gesehen war es ein toller Erfolg, die Gäste waren begeistert und zufrieden – allen voran Herr Braun.

Heute, nach über 20 Jahren, kenne ich alle Kunden dieser edlen Wagen persönlich. Ich bin für sie kompetente Ansprechpartnerin, von mir erwarten sie Fachwissen und Zuverlässigkeit. Dafür erhalten sie auch individuelle Betreuung, sind doch einige dieser Kunden in der finanziellen Lage, diese Autos zu sammeln wie andere Bierdeckel und Fußballclub-Fähnchen. So muß ich, wie ein Kioskbesitzer hinter seinem Tresen, wissen, wer welches Fähnchen bereits sein eigen nennen kann.

Auch Einfühlungsvermögen gehört bei unseren Kunden zu den gefragten Eigenschaften, seien es nun die Filmstars, hochkarätige Manager oder betuchtere Privatpersonen. Jeder möchte (s)einen speziellen, auf sich zugeschnittenen Preis. Jeder möchte das Gefühl haben, sehr gut und besonders günstig gekauft zu haben. (Für manchen von uns schwer vorstellbar bei dieser Preiskategorie!) In all den Jahren habe ich zudem einen unverkennbaren Instinkt für das Aufspüren von potentiellen Kunden entwickelt, was man auch als das „Salz in der Suppe" bezeichnen kann. Täuschen kann man mich heute kaum noch. So erkenne ich auf Anhieb, ob der in Jeans und Poloshirt gekleidete junge Mann ein Opel- oder Mercedes-Fahrer ist. Und auch der Jaguar-Fahrer kommt nicht immer im Designer-Anzug mit Krawatte daher.

Eine Kostprobe aus dem Tagein-tagaus des Automobilhandels

Um auch in anderen Belangen rund ums Auto unserem Slogan „Wir sind das interessanteste Autohaus der Welt!" gerecht zu werden, veranstalten wir pro Woche eine Ausstellung oder sind auf einer Messe vertreten. Da bleibt es nicht aus, daß ich als Sekretärin den Arbeitsanfall nicht mit einer 40-Stunden-Woche schaffen kann. Legt man noch 30 bis 40 Stunden drauf, dann hat man annähernd den Zeitwert, auf den ich bei vollem Einsatz jede Woche komme. Dieses „total verrückte Autohaus" ist schon mehr für mich als nur ein Arbeitsplatz, ein Job. In all den Jahren, mit den roten Ferraries vor Augen, bin ich sehr ruhig und konsequent geworden und zu einer starken Persönlichkeit herangereift. Mußte ich auch, denn sonst wäre ich schon längst wie eine Glühbirne aus der Fassung geraten, nach all den geschäftlichen und privaten Katastrophen, die ich erlebt habe. Nur wer sich selbst akzeptiert, wird auch von seiner Umwelt akzeptiert, und das Gefühl, gebraucht zu werden, ist sicherlich ein entscheidender Faktor für Zufriedenheit. Der Antrieb, die Motivation kommt von innen heraus. So einen Job, so eine Art Himmelfahrtskommando in Rot, kann nicht nur auf Anweisung oder Order bewältigt werden. Eigenregie ist angesagt. In dieser Firma bin ich alles – von der Putzfrau bis zur Generalbevollmächtigten. Man läßt mir vollkommen freie Hand, und irgendwie scheine ich zur Familie zu gehören, der mein Chef vorsteht wie ein Feldherr seinem Fußvolk. Noch nie hatte ich das Gefühl, bei den Frontattacken ausgenutzt oder überfordert zu werden. Oder ist es mir in all den Kampfhandlungen nur nicht aufgefallen? Wie dem auch sei, mir macht meine Arbeit sehr viel Spaß, sie fordert mich. Und das Schöne ist, daß kein Tag langweilig oder uninteressant ist.

Am besten läßt sich dies an einem Tagesablauf in meinem Büro erläutern: Öffnen der Post, Vorsortieren und Vorbereiten der Postmappen. Die Post sichten, verschiedene Vorgänge bereits telefonisch oder schriftlich erledigen bzw. auf Wiedervorlage geben. Zeitlich fixierte Telefonate checken, im Laufe des Tages erledigen oder Gespräche mit Herrn Braun verbinden. All dies sind so kleine Routinearbeiten, die en passant zu bewältigen sind und nicht verhindern dürfen, daß auch noch einige andere Dinge zu tun sind.

Die Liefertermine für das neue Cabrio kommen per Fax aus Stuttgart. Die neuen Kunden auf unserer Warteliste – so etwas gibt es nicht nur bei Therapeuten – müssen noch heute darüber benachrichtigt werden. Auch das noch: Eines der Fahrzeuge verfügt nicht über die gewünschte Sonderausstattung! Telefonische Reklamation scheitert. Wie so oft, ist der verantwortliche Ansprechpartner in einer Besprechung, beim Mittagessen oder gar nicht im

Hause. So bleibt mir nur die Hoffnung auf den versprochenen Rückruf. Herrn Braun kann ich mit solchen Dingen, ,,keine Chefsache", nicht belästigen. Ich kann derartige Banalitäten nicht bis zu ihm durchdringen lassen. So häufen sich dann die täglichen Kleinigkeiten, die eine nach der anderen, auf meinem Schreibtisch. Was soll's! Weiter geht's: Herrn Brauns Reise zum Genfer Autosalon steht auf dem Programm. Flugtickets und Hotel sind schon vor längerem von mir gebucht worden. Das Abendessen mit Sonderveranstaltung für erlesene Gäste des Chefs in Genf muß noch definiert werden. Jetzt ist Geschmack gefragt, der bekanntlich recht unterschiedlich sein kann. Mitten in der entscheidungsträchtigen Grübelei zwischen Menü A, ,,Scheiben vom Kalbsrücken auf Hummersauce an Frühlingslauch ...", und Menü B, ,,Tournedos vom Rinderfilet auf zweierlei Pfeffer ..." (mein Magen grummelt, es ist doch wohl noch keine Tischzeit?), werde ich aus all den Leckereien herausgerissen, um das Telefon vom Gebimmel zu erlösen und gleichzeitig auch noch den Computer zufriedenzustellen. Zwischen all dem höre ich gerade noch, wie Herr Braun nach den Unterlagen für sein Gespräch mit dem Mitglied des Automobilverbandes ruft. ,,Können Sie eigentlich auch etwas anderes, als nur Menüs lesen?" überhöre ich geflissentlich und reiche ihm freundlich lächelnd die vorbereitete Mappe mit den Unterlagen – so, wie er es gerne hat.

11 Uhr 30: Mein Magenknurren nimmt zu. Da kommt Herr Weißenbach vom Verband – pünktlich wie immer. Gut, daß ich zwischendurch schon Kaffee und Tee gekocht habe und jetzt nur noch mit sicherer Stewardeß-Hand das Tablett mit den Köstlichkeiten herumzureichen habe. Gelernt ist eben doch gelernt, sei es im Himmel oder auf Erden, es bleibt sich beides gleich. Während die beiden Herren zum delikaten Mittagessen ins Restaurant unterwegs sind, kämpfe ich mich durch diverse Telefonate mit Kunden und Pressestellen, verschiebe den einen Termin, koordiniere einen neuen, halte ,,Small talk" und habe alles einfach nur im Griff.

Gegen 14 Uhr kommt dieses Gefühl, was man mit Hunger umschreiben kann, wieder und erinnert mich daran, ,,Genf" nicht zu vergessen. Flugs eine Entscheidung treffen und diese ab per Fax nach Genf. Alles muß dort wie am Schnürchen laufen, nichts darf dem Zufall überlassen bleiben. Bis ins kleinste Detail sind die Tage in der Schweiz durchorganisiert. Selbst so banale Dinge wie ein Abendessen können schon fast zum Staatsakt ausarten. Man denke allein an die Tischordnung, ein Fauxpas: Frau Schmidt neben Frau Grünkern, und der ganze Abend und damit der Genfer Autosalon sind für Herrn Braun im wahrsten Sinne des Wortes gelaufen. Einkalkulieren muß man auch Damengeschenke, sonst kann man auch mit den Herren der Schöpfung nicht mehr rechnen. Etwas ganz Besonderes zu sein, das muß ich den Gästen vermitteln – eine wahrlich nicht immer ganz leichte Aufgabe.

17 Uhr: Kritischer Zeitpunkt, bis dahin müssen noch alle Mailings und Einladungen zum Formel-1-Rennen in Monte Carlo eingetütet und mit Adressen versehen werden. Eine Tätigkeit, die einer Arbeit in einer Strafkolonie in nichts nachsteht. Aber auch das gehört zu meinem Job, ebenso wie die Koordination des schon seit zwei Wochen vereinbarten Telefonates mit Ayrton Senna. Ob ich auch heute wieder vertröstet werde? Mein ganzes Durchsetzungsvermögen wird verlangt, und so werde ich seinem Agenten wieder einmal gut zureden. Geklappt! Und voller Stolz verdränge ich den Frust, der sich deswegen seit Tagen in mir aufgestaut hat.

Telefonieren gehört mit zu den schwierigsten Frontaufgaben einer Sekretärin. Die problematischen Gesprächspartner sind die ungehaltenen oder verärgerten. Hier heißt die Devise: Ruhe bewahren, nichts persönlich nehmen, dem Gesprächspartner erst einmal die Möglichkeit geben, Dampf abzulassen, den eigenen Kopf hinhalten, alle Aggressionen abfangen und das gezähmte Gegenüber erst nach der Beruhigungsphase zum Chef durchstellen. In solchen Situationen vergleiche ich mich mit einem Fels in der Brandung. Diese Haltung muß man auch einnehmen, wenn man an Typen gerät, die sich bei der „Vorzimmerdame" jede Unverschämtheit leisten, um dann beim Chef Süßholz zu raspeln. Verständlich, daß dann bei Chef und Sekretärin über ein und dieselbe Person unterschiedliche Meinungen entstehen.

Auseinander gehen die Meinungen auch, was die Aufgabenbereiche und die Zuständigkeit einer Sekretärin betrifft. Nehmen wir doch einmal Herrn Heinrich aus dem Verkauf als Beispiel. Hat er die Telefonnummer eines Kunden verschludert, macht er sich die Mühe, mich anzurufen. Die Sch. wird es schon wissen, wenn nicht, schlägt sie halt im Telefonbuch nach. Faulheit, Unbedarftheit oder aber Unverschämtheit? Ich fühle mich dann stets wie ein Geysir, kurz vor dem Ausbruch. Aber auch diese so typischen Situationen überstehe ich mit Nonchalance.

Während der Strafkolonie-Arbeit, sprich: Eintüterei, bringt mir eine Kollegin aus der Buchhaltung einen ansehnlichen Batzen Rechnungen zum Abzeichnen. Jetzt? Noch heute zur Bank? Eine zeitaufwendige Arbeit, aber da ich mit meiner Unterschrift für die Richtigkeit zeichne, wiederum auch eine sinnvolle Zeitvergeudung.

Kaum ist die eine Sache unter Dach und Fach beziehungsweise in der Tüte, steht Christian, Herrn Brauns Sohn, im Türrahmen. „Wie komme ich heute zu meiner Tennisstunde?" fragt er mich, die Sekretärin seines Vaters. War ich mit zehn Jahren auch so? Ganz entgeistert schaue ich ihn an und bitte, da der Fahrer noch nicht wieder im Hause ist, eine Kollegin um die Verfrachtung des „Juniorchefs" zum Sportunterricht.

Für 17 Uhr 30 ist ein Termin mit Frau Braun zur Besprechung des Layouts für unsere gemeinsame Zeitschrift anberaumt. Da ist sie schon, und Gott sei Dank hat sie etwas zum Abendessen mitgebracht. Nach einem spärlichen Frühstück, ein paar Keksen und einigen Tassen Kaffee – auch die konnten das Magengrummeln nicht verbannen – ist das meine letzte Rettung. Beim ersten Biß in die Pizza Salami erreichen uns die Fotos für die Corvette-Serie, auf die wir schon händeringend seit Tagen warten. Wir stürzen uns auf die Bilder aus Nevada und vergessen darüber ganz die Pizza. Nun ist sie nur noch als Appetitzügler einsetzbar. Ganz in die Bilder vertieft, werden Erinnerungen an die heißen Tage in der Wüste von Nevada wach, an die Vorbereitungen zu diesen Aufnahmen. Es war wie ein Traum, das Wetter wie aus dem Reisekatalog, kurzum: das Gefühl von Freiheit und Abenteuer allgegenwärtig. Also genau die Bilder für anspruchsvolle Käufer, die mit Cabriolets der Spitzenklasse (und Spitzenpreisklasse) durch die Welt brausen können.

Es macht mir eine Menge Spaß, diese Zeitung zu betreuen. Es gilt, Werbeanzeigen einzutreiben, Texte zu verfassen, das Layout zu erstellen – alles in allem ein nicht zu übersehender Zeitfaktor. Aber der Aufwand lohnt sich. Damit diese Zeitschrift zur optimalen Werbung für unser Autohaus wird, bedarf es manch langer Nacht, in der wir, Frau Braun, der Werbefachmann und ich, unsere grauen Gehirnzellen ganz besonders intensiv zur Arbeit anregen. Aber damit alleine ist es auch nicht getan. Die Recherchen für unsere Berichte über Rennen, Profile von Rennfahrern, Interviews mit bekannten Personen aus Politik, Wirtschaft und Sport „rund ums Auto" beanspruchen häufig auch Wochenenden. Eine Arbeit, die sich nun mal nicht während des normalen Tagesgeschäftes erledigen läßt. So wird es auch dieses Mal wieder spät, bis ich mich aufs Ohr legen kann. Zum Glück erscheint diese Zeitschrift nicht monatlich!

Sie sehen selbst: Typische Arbeitstage gibt es für eine Sekretärin nicht. Keiner ist wie der andere. Flexibilität, Mobilität, Mut zur Improvisation und der Wille zum Überleben sind tagtäglich wieder neu gefragt, um in diesem Beruf nicht unterzugehen.

So auch an jenem Tag: Endlich wollte ich Dinge erledigen, die ich mir schon seit langem vorgenommen hatte. An einem solchen wundersamen, seltenen Tag rief mich Herr Braun mittags aus Berlin von einer verbandspolitischen Tagung an. Der Außenminister habe den Wunsch geäußert, Herr Braun möge ihn auf seiner UdSSR-Reise begleiten. Welche Ehre, welche Möglichkeiten, und und und. Ich sollte dafür nur ganz schnell ein Visum besorgen. Eine meiner leichtesten Übungen, dachte ich in diesem Augenblick. Aber weit gefehlt! Denn neben einigen persönlichen Unterlagen und Schreiben benötigt man für eine solche Reise einen Reisepaß. Und nur der Reisepaß mußte es sein, so das sowjetische Konsulat in Bonn, ,,alle anderen Identitätsnachweise können wir nicht gelten lassen." Was nun? Der Paß befand sich im Safe der Privatwohnung meines Berlinreisenden, seine Frau weilte in den USA, und ich besaß keinen Schlüssel für den Safe. Schließlich mußten die Unterlagen ja nur bis 15 Uhr 30 im Bonner Konsulat sein. In solchen Situationen greifen nur unkonventionelle Maßnahmen, sagte ich mir, und besorgte kurzerhand einen Safeknacker. Es bedurfte dann nur noch einer kleinen Sprengung dieser Sonderanfertigung von Safe, und schon war mein Problem gelöst. Sogar der Schaden in der Wohnung hielt sich in Grenzen. Auf dem Weg ins Konsulat kamen mir dann allerdings doch Zweifel, ob diese knallharte Entscheidung so richtig war. Auch erst im nachhinein war Herr Braun mir für meinen mutigen Einsatz dankbar.

Wer den Beruf der Sekretärin ergreifen und sich an die Spitze hocharbeiten will, muß wissen, daß auch Beziehungen zu wichtigen und entscheidenden Leuten ausschlaggebend sind. Dazu zählt auch das Völkchen der Journalisten, die ich als eine ganz besondere Art von Menschen einstufe. Man findet sie weltweit, und für alle gilt: bad news are good news. Eine Anekdote hierzu:

Sie kennen doch sicher Zsa Zsa Gabor und ihren adeligen Ehemann, ich glaube es ist Nr. 7. Sie kaufte ein überaus seltenes Exemplar eines deutschen Autos und, welche Ehre, dies im Autohaus Braun. Herr Braun überführte das Auto höchstpersönlich in seine neue Heimat und wurde dafür mit einer Blumenkette, Marke Hawaii, von Ehemann Nr. 7 belohnt. Ein findiger Journalist machte mit Hilfe eines undeutlichen Fotos daraus eine Ordenskette und aus Herrn Braun einen adoptierten Grafen. Motto: Bring mir ein seltenes Auto, und du wirst Graf! Bis heute ist nicht geklärt, woher die Presse von dem Verkauf nach Hawaii etwas wußte oder warum man Herrn Braun in Verruf bringen wollte.

44 Sybille Sch., 48 Jahre

Wichtig für den Job der Sekretärin ist, daß man sich mit ihm und der Firma vollends identifiziert. Jede freie Minute verwende ich für neue Ideen im Sinne des Autohauses. Ich bin ein Teil des Ganzen. Die Akzeptanz bei Herrn und Frau Braun und auch bei den Kollegen bringt mir meine innere Zufriedenheit. Die Konsequenz: Ein Privatleben im üblichen Sinne kenne ich nicht. Urlaub gibt es nur gestückelt, ein paar Tage nach Veranstaltungen in Monte Carlo oder in den USA. Oder einfach mal zwei Tage zum Regenerieren. Wer benötigt diese Zeit nicht für sich, wenn eine Woche Aufsicht über eine 100köpfige Gruppe hinter einem liegt?

Irgendwann – vielleicht in ein paar Jahren – schließe ich mich der Gruppe der Aussteiger an und genieße meine Freiheit und Freizeit in vollen Zügen. Oder kann man es verlernen, das Leben in vollen Zügen zu genießen? Vielleicht ist das der Preis, den ich für diesen Job zahlen muß.

Maria M., 44 Jahre

Politiker – eine besondere Spezies

„Unabhängig werden, alleine Entscheidungen treffen" – das wollte ich schon als ganz junges Mädchen. Meine Absicht, so früh wie möglich die Berufswelt kennenzulernen, verfolgte ich konsequent, und nichts konnte mich davon abbringen. Auch nicht mein Vater, der keine Anstrengung ausließ und all seine Überredungskünste einsetzte, um mich zu „bekehren". Der Grundstein für diese Beharrlichkeit wurde wahrscheinlich schon beizeiten in meiner Kindheit gelegt.

Mit acht Jahren kam ich zusammen mit meinen Eltern und Geschwistern nach Deutschland, wo meine Schullaufbahn in der 5. Klasse ihren Anfang nahm. Mit der deutschen Sprache stand ich zunächst auf Kriegsfuß, und ich entschied mich, das Schuljahr zu wiederholen. Später, auf dem Gymnasium, waren alle Anfangsschwierigkeiten überwunden und ich zu einer guten Schülerin gereift. Aber das war kein Argument für mich, auch nur noch einen Tag länger dort zu bleiben. Nach der 10. Klasse setzte ich unter meine schulische Karriere den Schlußstrich.

Unbekümmert ging ich an das neue Metier heran. Berufserfahrung hatte ich schon kräftig gesammelt, ab dem 14. Lebensjahr hatte ich im elterlichen Malerbetrieb stundenweise im Büro ausgeholfen. Was lag also näher, es als Bürokraft zu versuchen. „Wie viele Anschläge schaffen Sie in der Minute?" „120 Silben in Stenographie sind doch drin?" brachten mich aus der Fassung und zugleich auf den Boden der Realität zurück. Mein Abschlußzeugnis der 10. Klasse war ohne weitere berufliche Qualifikation nichts wert. Nun war ich doch schneller bekehrt worden, als mein Vater es erträumt hatte. Auch die höhere Handelsschule nahm mich nicht mehr auf, das neue Schuljahr hatte bereits begonnen. Meine euphorische Anfangsstimmung war einer Endzeitlaune gewichen.

Aber das änderte sich sehr schnell. Ich ging nach England – auf Vorschlag meines Vaters, um dort die Zeit bis zum Besuch der fortführenden Schule sinnvoll zu überbrücken. Mein Vater hat sicher geahnt, daß dies für mich das richtige Intermezzo war. London – eine pulsierende, lebendige Stadt. Farbenfrohes Völkergemisch, buntes Treiben, und immer etwas Neues. Mein Leben verlief in ganz anderen Bahnen als zu Hause. Der Herr des Hauses war im diplomatischen Dienst tätig, und als Au-pair-Mädchen lernte ich bei dieser Gastfamilie fast täglich neue interessante Leute kennen und wandelte sicher in diesen Kreisen umher. Diese Zeit des Andersseins genoß ich, und die englische Sprache begann richtig Spaß zu machen. Noch heute wirkt diese Zeit nach, und ein seltsames Fernweh überkommt mich beim Gedanken an London.

Viel zu schnell vergingen die Monate bis zum Beginn der höheren Handelsschule in meiner Heimatstadt. Halberstadt mit ca. 6000 Einwohnern, irgendwo in Ostwestfalen gelegen, konnte dem Vergleich mit London nicht standhalten. Das Örtchen war zu überschaubar geworden, alles klein und kleinkariert. In dieser Miniatur-Stadt hielt mich nach Abschluß der Schule nichts mehr. Ich wollte meine Abenteuerlust stillen und den Duft der großen, weiten Welt nicht nur schnuppern, sondern auch genießen.

So hamsterte ich Zeitungen aus allen großen Städten, kreuzte hier eine Annonce an, schnipselte dort ein Inserat aus, bis mir eines Tages dabei eine Ausschreibung des Auswärtigen Amtes in Bonn in die Hände fiel. Diese Stadt mit ihren zahlreichen Botschaften, den vielen Diplomaten und Politikern aus aller Welt, dem Flair und Charme einer aufgeschlossenen Stadt – all das verband ich mit Bonn. Ich bewarb mich und wurde prompt als Fremdsprachensekretärin eingestellt. Bald würde sich der Traum von fernen, exotischen Ländern und fremden Kulturen erfüllen.

Doch diese Phantastereien mußten zuerst noch in der Schreibkanzlei und später in irgendeinem Referat tief und fest schlummern. Aber was nicht ist, das kann noch werden, irgendwann kommst du schon noch dahin, waren meine tröstenden Gedanken, und ich ließ den Kopf nicht hängen.

Emsig arbeitete ich mich ein, so gut man sich eben in den deutschen Bürokratismus einarbeiten kann. Nach gut einem Jahr bekam ich die Chance, als Zweitsekretärin beim Staatsminister des Auswärtigen Amtes (entspricht dem Rang eines parlamentarischen Staatssekretärs) zu fungieren und funktionieren. Keine junge Frau läßt sich eine solche Chance entgehen, auch ich nicht. Ich nahm spontan an, bevor dies eine andere tun konnte. Ich ging mit großer Freude an die Sache heran, denn nun war es wohl vorbei mit den täglichen Protokollen, die immer wieder und immer wieder mit neuen Stilübungen versehen, neu abzutippen waren. Was auf die Dauer so unbefriedigend war wie Hemdenbügeln im Akkord. Auf den heutigen Freund jeder Sekretärin namens PC konnten wir damals noch nicht bauen.

Wie erhofft, kam mir die abwechslungsreiche Tätigkeit im Büro des Staatsministers sehr entgegen. Wenn ich schon nicht im Ausland sein konnte, so sah ich jetzt wenigstens die Politiker aus jenen Ländern. Zudem hatte ich in der ersten Sekretärin eine nette Kollegin gefunden, die mir mit Rat und Tat jederzeit zur Seite stand. Ihre langjährige Erfahrung war sehr hilfreich, sie forderte mich aber auch heraus, ihr nachzueifern.

Am Tag meiner Volljährigkeit, an meinem 21. Geburtstag, stand meinem Auslandseinsatz nun nichts mehr im Wege – nur Klaus, jener junge Mann, den ich mittlerweile in Bonn kennengelernt hatte. Nun stand ich vor einer folgenschweren Entscheidung: Ausland oder Bonn? Für Klaus kam nichts anderes als Bonn in Betracht. So blieb ich in Bonn und Klaus bei mir – und das bis heute. Trotz dieser Herzensentscheidung hörte ich eine große Seifenblase dicht an meinem Ohr platzen – aus und vorbei mit den Träumen von Rio, Tokio, Shanghai und irgendwo.

Nach fünf Jahren im Staatsministerbüro schien mir die Zeit reif für den Wechsel in ein Referentenbüro. Zwar war die Arbeit immer noch interessant, aber die Arbeitssituation war gänzlich anders geworden: kühl, abweisend, unfreundlich. Weder die Klimaanlage noch die Kollegen waren daran schuld, sondern unser Chef war nun eine Chefin! Eine Geschlechtsumwandlung war dafür nicht verantwortlich, sondern das niedrige Wahlergebnis der Partei meines Chefs. Die neue Staatsministerin brachte nicht nur ein neues Parteibuch mit, sondern auch neuen Wind. Eisigen, trockenen Wind, der mir schon ins Gesicht blies, wenn sie die Tür öffnete. Morgens hielt Gnädige Frau mir mit spitzen Fingern ihren Mantel entgegen. Was soviel bedeutete wie „aufhängen, aber dalli dalli". Griff ich nicht gleich zu, ließ sie ihn zu Boden fallen. Ein Verhalten aus früheren Zeiten, als die Damen ihr Taschentuch verloren, um die Aufmerksamkeit der Männerwelt auf sich zu lenken. Aber dies wird wohl weniger ihre Intention gewesen sein.

Sie frühstückte im Büro, denn nur dort gab es diesen einzigartigen Service und die überaus freundliche Bedienung: jeden Morgen von mir persönlich frisch ausgepreßten Orangensaft mit der Kraft der 100 Orangen und andere nette Arrangements, die einem Nobelhotel zu allen Ehren gereicht hätten.

Unser (Arbeits-)Verhältnis war durch meine Weigerung, für sie das Kanapee-Serviermädchen mit weißem Häubchen auf ihrer Privatfeier zu spielen, endgültig zu Ende. Nicht, daß ich Frauen die Fähigkeit abspreche, Führungspositionen zu bekleiden. Ganz im Gegenteil! Aber es gibt in den sogenannten gehobenen Positionen Frauen, die von heute auf morgen ihre Zugehörigkeit zum weiblichen Geschlecht vergessen und keine Spur von Sensibilität mehr für andere entwickeln.

Hatte ich mir in letzter Zeit viel von meiner Ministerin gefallen lassen müssen, so brachte die geplante Rückstufung meines Gehaltes das Faß zum Überlaufen. Meine monatliche Lohntüten-Minderung wurde mit meiner mangelnden Bereitschaft, im Ausland zu arbeiten, begründet. Durch einen schreibtechnischen Test sollte die neue Gehaltseinstufung festgelegt werden. Aber ohne mich! Wo werden Handwerksmeister genötigt, nach jahrelanger Berufserfahrung zu beweisen, daß sie zu einem Meisterstück fähig sind? Mein ehemaliger Chef, Staatsminister a.D. Weider, gab mir den Tip, mich in der Fraktion einer Partei zu bewerben. Mit Erfolg. Aber nun begann die langweiligste Zeit meiner beruflichen Laufbahn: Protokolle tippen, Ablage machen, Protokolle tippen, Ablage machen, Protokolle ...

1983 dann die Wende – in der Politik und in meiner Karriere. Das Ansehen der Partei war sehr lädiert, man warf ihr Wankelmütigkeit vor, und sagte ihr nach, ihr Fähnchen stets nach dem Wind zu hängen. Einsparungen mußten erfolgen, und wo kann man dies besser als im Personalbereich? Die Referentenzahl wurde im Schnitt um eine Person reduziert und Sekretärinnen entlassen. Zu diesem auserwählten Kreis zählte auch ich. Kann sein, daß meine eher unbequeme Art diese Entscheidung mit beeinflußt hatte. Ich sage, was ich denke, bilde mir eine eigene Meinung und vertrete diese auch standhaft. All dies sind Tugenden, die im politischen Leben nicht gerade zu den karriereförderlichen Eigenschaften zählen.

Zuerst genoß ich die Zeit des Nichtstuns in vollen Zügen. All das, was ich immer schon gerne machen wollte, dafür hatte ich jetzt ausgiebig Zeit. Mitten in der Woche Museen und Ausstellungen besuchen, durch die Stadt flanieren, im Cafe Menschen beobachten, einfach nur in den Tag hineinleben. Nach ein paar Wochen waren diese in der Hektik des Alltags so oft herbeigesehnten Erholungs-Highlights für eine agile und vitale Frau wie mich vollkommen uninteressant geworden. Dringend brauchte ich wieder eine Aufgabe, die mich ausfüllte.

Aufgrund alter Kontakte bekam ich nach einigen Telefonaten heraus, daß der zukünftige Generalsekretär einer Partei eine Mitarbeiterin suchte. Nichts wie hin! Zwar wollte ich eigentlich nie wieder für eine Partei arbeiten, aber hier war ganz allein der Mensch selbst ausschlaggebend für meine Entscheidung. Wir waren uns auf Anhieb sympathisch, Dr. Nuber und ich. Er schätzte meine Erfahrungen und die optimale Mischung aus Routine und einem gewissen Maß an Sicherheit im Büroalltag. Da er Generalsekretär und Abgeordneter zugleich war, brauchte er jemanden, der den nötigen Elan und Esprit für diese Doppelaufgabe mitbrachte. Ich war schon immer bereit, mich neuen Herausforderungen zu stellen und handelte frei nach dem Motto „Learning by doing". An diesem Punkt klafften unsere Einstellungen jedoch weit auseinander. Dr. Nuber war ein Mensch, der Unannehmlichkeiten eher aus dem Weg ging. Im Gegenzug dazu beschäftigte er sich mehr mit sich selbst und der Frage: „Wie kann ich mich am besten darstellen?" Ebenso trug er seine unkritische Selbsteinschätzung gerne zur Schau – übrigens eine Eigenschaft vieler Politiker in herausragenden Positionen. Er wurde von allen Seiten hofiert und für wichtig erachtet, so daß man ihm sein übertriebenes Ego-Verhalten noch nicht einmal vorwerfen konnte.

Als er endlich Bundesminister wurde, verstärkte sich diese (Fehl-)Einschätzung der eigenen Person noch. Nur ich habe Anspruch auf diese Position, nur ich bin dafür geeignet, lauteten seine Erklärungen. Für dieses Amt hielt ich ihn zu durchsetzungsschwach, fragte ihn jedoch stattdessen, ob er sich diese Entscheidung gut überlegt hätte. Seine Antwort: „Zweifeln Sie etwa an meinen Fähigkeiten?"

Von nun an war er ständig von zahllosen Menschen umgeben. Als Außenstehender kann man sich von dem Treiben in einem Bundesministerium, einem bis zum Bersten aufgeblähten Konstrukt, kaum eine Vorstellung machen. Wie Motten das Licht umschwirrten den Bundesminister der persönliche Referent, ein Kabinettsreferent, ein Parlamentsreferent und ein Leiter Ministerbüro. Die Runde wurde komplettiert durch die erste und die zweite Sekretärin. Gelangte irgendein Schriftstück in das Büro, so stürzten sich alle mit gleicher Vehemenz darauf, als wäre es das letzte Stück Torte auf einer Geburtstagsfeier. Jeder versuchte, etwas zu erhaschen, womit er sich profilieren konnte. Besonders die Referenten lernten in dieser Zeit, ihre Ellbogen zu benutzen. Und so ging es oft zu wie im Boxring. Schläge einzustecken war an der Tagesordnung – auch wenn diese nur auf verbaler Ebene erfolgten.

Wer in dieser Szene etwas auf sich hielt, bevorzugte ganz bestimmte Lokalitäten. So war es damals in Bonner Kreisen üblich, sich zum Mittag- oder Abendessen in einem ganz bestimmten italienischen Restaurant zu treffen.

Egal, ob eigentlich Sauerbraten mit Knödel das Leibgericht war. Man traf sich eben dort, wo die Nudel-Connection (= Kanzler, Sekretärin und persönlicher Referent) zu speisen pflegte. Spaghetti al pesto, al tonno hin oder her – man aß dort, wo die Nudel-Connection aß, nur dann war man wer. An ständig neuen Nudelkreationen wollte ich mich nicht vergreifen und schon gar nicht meine spitzen Körperteile benutzen, um vermeintlich wichtige Schriftstücke zu ergattern. Mit anderen Worten: Ich pflegte auch weiterhin das Laster, mich im politischen Treiben vollkommen untypisch zu verhalten.

Dr. Nubers Abgeordnetenbüro existierte auch nach der Berufung zum Bundesminister, und er legte dessen Verwaltung ganz in meine Obhut. Dies allein bedurfte schon eines gewaltigen Arbeitseinsatzes. Ich beantwortete in seinem Namen Briefe, Gesuche oder Bitten aus seinem Wahlkreis, von ihm war nur die Unterschrift. Ich fand, daß ich als Abgeordneter eine sehr bürgernahe Einstellung an den Tag legte und gefiel mir gut in dieser Rolle.

Nicht nur die engsten Mitarbeiter umgaben den Minister. Ständig war jemand in seiner Nähe. Egal, ob er seine Großtante im Seniorenheim aufsuchte, ob er sich Urlaub gönnte oder seine Frau am Hochzeitstag zum Kerzen-Diner mit anschließender Tanzeinlage ausführte, er war nie allein. Bevor er sein Haus betreten konnte, durchkämmte erst einmal eine Schar von Sicherheitsbeamten jeden einzelnen Raum. Auch in der Freizeit waren sie stets nur ein Strandtuch oder eine knappe Skilänge entfernt. Schaffte er es mal, die Verwandten mit seiner Anwesenheit zu erfreuen, so hatte die gesamte Nachbarschaft noch tagelang Gesprächsstoff.

Um Gefahrensituationen zu meistern und abzuwenden, wurden seine direkten Mitarbeiter, seine Fahrer und sogar die Verwandten geschult. Wie verhalte ich mich bei anonymen Anrufen oder sogar bei Morddrohungen? Was mache ich mit Nörglern oder Verrückten? Woran erkenne ich überhaupt die Gefahr? Kam uns irgendetwas verdächtig vor, hatten wir dies unverzüglich dem BKA oder den Sicherheitskräften zu melden.

Auch Briefe konnten gefährlich sein, und so bekam ich schon Hitzewallungen, wenn ich ausländische Stempel oder besondere Briefmarken entdeckte. Eines Tages hielt ich ein Päckchen aus Wien in den Händen, das einen sonderbaren Duft verströmte. Es war zigmal verschnürt und zugeklebt, der Absender meinte es besonders gut mit dem Inhalt. Ohne zu zögern, rief ich den Sicherheitsdienst. Wozu bin ich denn auf Auffälligkeiten getrimmt worden? Am nächsten Tag wurde mir der Inhalt präsentiert: ein parfümierter

Seidenschal plus einem glühenden Brief einer Verehrerin von Dr. Nuber. So bekommt auch ein Minister Fanpost wie ein Popstar.

Auch schreckliche Ereignisse geschahen, machten mich nachdenklich und unsicher. So wie der furchtbare Mord an einer bekannten Persönlichkeit aus der Wirtschaft, verübt von der RAF. Zu der damaligen Zeit wurden die Sicherheitsschulungen verstärkt, und auch Frau Nuber mußte sich dieser Tortur unterziehen. Sie reagierte äußerst hysterisch auf diese Vorsichtsmaßnahme, schimpfte, sie könne keinen Schritt mehr alleine tun, sie fühle sich in ihrer persönlichen Freiheit eingeschränkt: alles Dinge, die verständlich und in der Position „Ehefrau des Bundesministers" wohl auch angebracht sind. Sie gehörte zu jenen Frauen, deren ganzes Tagesgeschehen sich um Sport, Musik und Kaffeekränzchen mit den Damen der feinen Gesellschaft drehte. Hausfrauliche Tätigkeiten waren unter ihrem Niveau und wurden kategorisch abgelehnt. Hätte sie auch die Teilnahme an offiziellen Empfängen negiert, wäre mir Arbeit erspart geblieben. Permanent rief sie an und wollte Einzelheiten über ihre Tischnachbarn erfahren, mit einigen Auskünften war es nicht getan, ständig wollte sie mehr wissen. Manchmal ertappte ich mich dabei, ungehalten zu werden, nahm mir dann aber ein Beispiel an Dr. Nuber, wie souverän er mit dem Verhalten seiner Frau umging.

Frau Nuber nahm durch ihre hilflose oder ablehnende Haltung, irgendetwas selbst zu erledigen, indirekt Einfluß auf meinen Tagesplan. Eines Morgens rief Dr. Nuber mich an und bat, alle Termine kurzfristig zu stornieren. Da der Terminkalender aus den Nähten zu platzen schien, ging ich davon aus, daß etwas ganz Wichtiges vorlag, was ihn an der Erfüllung seiner Aufgaben hinderte. Im nächsten Atemzug informierte er mich über die Krankheit seiner Katze. Der Gang zum Tierarzt war seiner Frau alleine nicht zumutbar. So gingen sie zu dritt zum Arzt und trösteten sich gegenseitig: Frau Nuber die Katze und Dr. Nuber seine Frau. Und wer tröstete mich? Alle Termine mußten neu festgelegt werden. Dafür erfand ich irgendwelche Entschuldigungen, denn in diesem Fall war die Wahrheit wohl weniger angebracht und hätte nur die Bonner Tageszeitung um eine Überschrift reicher gemacht.

Man stelle sich vor, alle hohen Staatsmänner sagen Termine ab, weil die Ehefrauen zu Hause alleine nicht zurecht kommen, frei nach dem Motto: „Stell Dir vor, es ist Gipfeltreffen, und keiner geht hin!"

Gerade seine Termine zu managen, war eine der schwierigsten Aufgaben überhaupt. Die Terminkoordination wurde geradezu zu einer Herausforderung. Täglich flatterten die Einladungen zu Empfängen, Firmenjubiläen, Parties oder Benefizveranstaltungen bei uns herein, so zahlreich wie weiße Tauben bei olympischen Veranstaltungen. Nicht zu vergessen die Staatsbesuche, Delegationen, die zu betreuen waren, und die diversen Reisen ins In- und Ausland. Es war wichtig, bei der Koordination all dieser Termine nicht den Überblick zu verlieren. Vor allem, wenn so viele Köche im Brei herumührten, Dr. Nuber inbegriffen. Jede Einladung, und war sie auch nur vom Schneider um die Ecke, wollte er selbst in Augenschein nehmen. Nicht, weil er überall hingehen wollte, nein, Neugier war sein Motiv. Er mußte wissen, ob berühmte oder bekannte Personen ihm Einladungen zusandten, um sich mit ihm zu schmücken und Beachtung zu erringen. Alle Zeitschriften der Regenbogenpresse mußten in unserem Büro vorhanden sein. Nicht die Artikel waren beachtenswert, sondern Fotos, von denen Dr. Nubers Konterfei prangte. Seine Eitelkeit zeigte sich auch in seinem Outfit. Nur braungebrannt und mit Fitneßstudio-Figur stellte man eine Persönlichkeit dar.

Reden halten war eine seiner Vorlieben, nur stammte keine einzige aus seiner Feder. Dafür hatte er seine Ghostwriter. Ich dagegen war seine Time-Managerin und hielt die sogenannten Zeitdiebe von ihm fern. Allein dies war schon fast eine Lebensaufgabe. Meine gute Organisation erlitt nur dann Schiffbruch, wenn Dr. Nuber selbst Verabredungen traf, ohne mich darüber zu informieren. War das Schiff einmal auf Sand gelaufen, durfte ich es wieder hinausziehen.

Dr. Nuber war stets bemüht, es jedem recht zu machen. Wir hatten vor einiger Zeit vereinbart, daß Dr. Nuber bei einer Veranstaltung im europäischen Ausland einen Ehrenpreis überreichen und eine Ansprache halten sollte. Alles war bis ins kleinste Detail geplant und koordiniert. Etwa eine Woche vorher wurde Dr. Nuber über eine Reise mit einer wichtigen Delegation in die Vereinigten Staaten informiert. Just zum gleichen Termin. „Sagen Sie der Präsidentin der Organisation charmant ab, und drücken Sie mein Bedauern aus, Sie wissen schon, wie Sie das machen." Sicher wußte ich das, aber wußte dies auch die betreffende Person? Ich hatte nicht den Eindruck, denn sie war so erbost, daß ich sie regelrecht vor mir sah, wie sie am anderen Ende der Leitung faustschüttelnd um ihren Schreibtisch rannte. Weder meine schmeichelnde Stimme noch die harte, unerbittliche Version machten irgendeinen Eindruck auf sie. Herrn Dr. Nuber drohte sie dann später, einen öffentlichen Skandal vom Zaun zu brechen, Kontakte zur Presse seien vorhanden.

Ein Termin mit einer Delegation war für sie ohne Belang. So schaffte es diese Frau, daß Dr. Nuber zu seinem Wort stand, wenn auch notgedrungen. Wenn

Schreien, Stampfen und Zetern zum Erfolg führten, dann sollte ich mir dieses Verhalten zu eigen machen. Sollte es jedoch an der Beziehung zur Presse gelegen haben, müßte ich vielleicht die Einladung von Herrn Peters noch einmal überdenken. Die Gedanken währten jedoch nicht lange, denn ich mußte zeitlich alles so verschieben, daß Dr. Nuber an zwei Orten gleichzeitig sein konnte – bei der Delegation und bei Frau Präsidentin.

Mein Eindruck, daß Dr. Nuber kaum Durchsetzungskraft besaß, verstärkte sich mehr und mehr. Er versuchte, mit allen in Harmonie zu leben. Welch illusorische Vorstellung im politischen Leben! Nirgends herrscht soviel Mißgunst und Machtgier wie gerade in der Politik. Jeder intrigiert, und man hört förmlich die Sägen an den Stuhlbeinen ratschen. Oft habe ich versucht, Dr. Nuber vor bestimmten, besonders netten Kollegen zu warnen. Doch all meine Kommentare zeigten keine Wirkung.

Geschickt spannten seine „Freunde" aus der Industrie ihn vor den Karren ihrer eigenen Interessen. Natürlich zog er aus dieser Situation auch Nutzen für sich selbst. Persönliche Einladungen zu Tennisturnieren oder sonstigen hochrangigen Veranstaltungen sah er gerne auf seinem Schreibtisch. Mal wieder einen Ehrenplatz ergattert, und das auch noch umsonst. Unsereins müßte für eine Eintrittskarte Schlange stehen, und wüßte noch nicht mal, ob dieses Beinekrummstehen von Erfolg gekrönt ist. Eine Stehkarte in der letzten Reihe würde mir schon reichen, um einmal Michael Stich zu sehen, und wenn es nur mit dem Fernglas wäre. Dr. Nuber hingegen glaubte sogar, daß er den Leuten einen Gefallen tat, wenn er die Karten und die kleinen Präsente, Einladungen, Gefälligkeiten annahm.

Zweimal im Jahr hatte ich große Auspack-Aktion. Exquisite und kostbare Geschenke stapelte ich im Büro nach Gruppenzugehörigkeit getrennt, Bilder und Lampen auf der linken Seite, Service, auserlesene Getränke, Gläserkompositionen auf der rechten Seite. War sein Büro so ausstaffiert, wußte auch der Angestellte im letzten Winkel des Ministeriums: Dr. Nuber hatte Geburtstag, oder Weihnachten stand vor der Tür. Er wiederum wurde auch von mir an jeden Geburtstag oder an Firmenjubiläen seiner sogenannten Freunde erinnert. So ließ man Geschenke sprechen: „Hallo, mich gibt es noch!" In der Ehe Politik-Industrie herrschte ein seltsames Geben und Nehmen. Dr. Nuber glaubte, alles drehe sich um ihn als Person. Weit gefehlt, allein seine Position war maßgeblich.

Maria M., 44 Jahre

Nicht nur seine öffentlichen Auftritte, auch die Geburtstage seiner Frau oder sonstiger Familienangehöriger wurden von mir organisiert. Sollte ich noch einmal arbeitslos werden, könnte ich auch als Teilhaberin bei einem Veranstaltungsservice einsteigen. Es kam der Tag, da durfte ich einem von mir arrangierten offiziellen Empfang als geladener Gast beiwohnen. Diese Feier, Dr. Nuber wurde ausgezeichnet, war so richtig nach seinem Geschmack: Glamour, Glitter und Gloria. Viele bekannte Gesichter waren zu sehen. Ich unterhielt mich an diesem Abend sehr nett mit einer prominenten Dame aus Bonner Kreisen. Als Frau Nuber uns förmlich einander vorstellte, war damit auch unser Gespräch beendet. Die Sekretärin hatte man mir wohl nicht angesehen. Da bestätigte sich wieder: Kleider machen doch Leute.

Neben all den wichtigen Terminen muß ein Minister auch regieren. So die Meinung des Volkes. Doch das stimmt nicht ganz. Dr. Nuber wurde meistens von seiten der Partei in eine bestimmte Richtung dirigiert. Von der Materie selbst verstand er wahrscheinlich noch am wenigsten. Er präsentierte – sich und was ihm andere auftrugen. Ansonsten delegierte er die Arbeit, denn seine Hauptaufgaben waren Reisen, Vorträge, Empfang von Abgesandten und Industriellen, die Kontaktpflege überhaupt. Darin war er ja nun wahrlich ein Meister und zurecht Minister. Seiner geringen Durchsetzungskraft kam sehr entgegen, daß Entscheidungen im üblichen Sinne von ihm nicht zu treffen waren. Diese traf die Partei, an deren Arm die Marionette ,,Minister" baumelte und bewegt wurde.

Seine Repräsentationsaufgaben nahmen weitaus mehr Arbeitsstunden in Anspruch, als jeder Normalbürger sich vorstellen kann. Ich selbst kam in Spitzenzeiten auf eine 60-Stunden-Woche, obwohl mir eine Zweitsekretärin für die meiste Schreib- und Kopierarbeit zur Seite stand. Jeder seiner Auftritte wurde von seinen engsten Mitarbeitern bis ins allerletzte Detail ausgefeilt, seine Arbeit beschränkte sich dann lediglich noch darauf, auf dem Präsentierteller zu sitzen – was bekanntlich auch nicht jedermanns Sache ist.

Haben Sie schon einmal eine Ministerreise geplant? Sicher, wie bei einer Urlaubsreise nach Mallorca mußten Tickets besorgt und der Transfer zum Hotel sichergestellt werden. Aber damit erschöpfte sich eine Tour des Ministers noch lange nicht. Reisepläne, Routen und Tourenpläne galt es zu erstellen, seine Frau bekam immer eine detaillierte Auflistung aller Aufenthalte, Hotels, Adressen und Telefonnummern. Termine mit Vertretern aus Wirtschaft, Kultur und Politik wurden ausgeklügelt und vereinbart. Bei der Kommunikation mit unseren Mitmenschen passierten wiederholt Übertragungsfehler, und es ist kaum zu glauben, welche Mißverständnisse entstehen. Die Terminkoordination war keine leichte Aufgabe, die sich mal so eben in der Zeit zwischen 8 Uhr und 16 Uhr erledigen ließ. Die verschiedenen Zeitzonen hielten mich zum Teil bis spät in die Nacht wach.

In unserem täglichen Einerlei von Korrespondenz, Veranstaltungen und Hunderten von Telefonaten bemerkte ich eine Anhäufung von Gesprächen und Telefonkontakten mit dem Kanzler. Aus den eigenen Reihen der Partei wurde laute Kritik an Dr. Nuber geübt. Er vertrete nur ganz bestimmte Interessen, zudem warf man ihm mangelndes Durchsetzungsvermögen vor. Dr. Nubers Harmoniebestreben erlitt einen schweren Knacks. Seine Parteifreunde erinnerten mich in jenen Tagen an einen Trupp Forstarbeiter, die mit großem Aufgebot an Sägen durch den Wald streiften, um endlich Dr. Nubers Stuhl zu Fall zu bringen. Er ging nicht dagegen an, er überließ seinen Widersachern kampflos das Feld. Er zog es vor, auf diese Weise zu gehen, bevor er gegangen wurde. Nach einem letzten Gespräch mit dem Kanzler erklärte er seinen Rücktritt.

Dies Verhalten war typisch für ihn. Obwohl die Schuld klar auf seiner Seite lag, tat er mir doch ein wenig leid. In der machtgierigen Welt der Politik ist kein Platz für Träumer. Er hatte vielleicht von der ganz großen Politik geträumt, war jedoch den ungeschriebenen Machtgesetzen zum Opfer gefallen. „Fressen oder gefressen werden" gilt nicht nur im Tierreich. Doch für mich ging das Leben weiter. Ich blieb noch einige Zeit bei ihm und wechselte dann zu einem anderen Abgeordneten.

Ich selbst habe mich in den 25 Jahren meiner Tätigkeit innerhalb der Regierung mit vielem arrangiert. Meine Arbeit war für mich immer sehr wichtig. Ich strebte danach, perfekt zu sein, und lernte aus meinen Fehlern. Ich fand und finde Bestätigung in meinem Job. Sind die Jahre auch noch so schwer gewesen, ich bin mir selbst immer treu geblieben.

Ob dies auch die Politiker von sich behaupten können? Sie suchen nie die Schuld bei sich selbst. Geht eine Wahl verloren, liegt es letztendlich am Wähler, dem man sich nicht richtig vermitteln konnte. Oder im Klartext: Der Wähler war zu dumm, es zu verstehen. Sicher, im Wahlkampf sprechen sie mit dem gemeinen Volke und sind zu jeder Schandtat im Interesse der Bürger bereit. Sie kämpfen schweißringend um jede Stimme – sei es auf Heimatabenden im blau-weißen Rautenland oder bei der Segelregatta in Plön. Gewonnen oder verloren – der Wähler ist für die Politiker nur Mittel zum Zweck. Haben sie eine bestimmte Sprosse der Karriereleiter erklommen, löst sich der Bezug zur Basis in nichts auf, und der Wähler hat seine Schuldigkeit getan.

Warum findet man so selten wirkliche Macher und kompetente Politiker in hochdotierten Positionen? Meine Meinung: Es gibt sie nicht. Und wenn doch einmal, dann sind die Interessenkonflikte zwischen dem einzelnen und der Fraktion zu groß.

Häufig habe ich mir in all den Jahren ausgemalt, beruflich mal etwas ganz anderes zu machen und wieder Frischluft zu schnuppern. Ich bin sicher, daß ich irgendwann einmal den (Ab-)Sprung von der politischen Bühne riskiere. Vielleicht rückt der Tag bald in greifbare Nähe – Berlin ist keine Stadt für mich.

Ruth E., 57 Jahre

Zwischen Reagenzgläsern und Aktendeckeln

Das Schöne im Leben ist, daß man nicht weiß, was die Zukunft bringt. Wer hätte an meiner Wiege gedacht, daß ich einmal aus Langeweile heraus den Start in eine berufliche Laufbahn wagen würde? Als Teenager stand meine Zukunft schon fest, zumindest für meine Eltern. Ich stamme aus einer sehr bekannten Familie, und meine Eltern legten Wert darauf, daß ich ein Studium in Angriff nahm. Lebende Beispiele und Vorbilder für mich waren meine Brüder, die Physik und Medizin studiert hatten. Das Medizinstudium hatte man auch für mich ausgeguckt, meine Ausbildung konnte und durfte nicht aus dem Berufsrahmen fallen. Widerspruch war sowieso zwecklos, da mein Vater ein sehr strenges Regiment zu Hause führte. Ein Mann, ein Wort.

Und so begann auch ich mit dem vorgesehenen Studium. Ein Glück für mich, daß es einen Numerus clausus damals noch nicht gab. Vielleicht hätte ich es dann erst gar nicht bis zur Uni geschafft, und mein Leben wäre ganz anders verlaufen. Bafög gab es ebenfalls noch nicht, und so war und blieb ich, wenigstens solange ich die Füße unter den Tisch meines Elternhauses stellte, das abhängige Kind.

Nach dem Physikum passierte es dann: Mich traf die Liebe auf den ersten Blick. Als ich infolgedessen unerwartet schwanger wurde, war dies für meine Familie ein schrecklicher Skandal. Meine Eltern drängten zur Heirat und zum Abbruch des Studiums. 1 + 1 = 3, so einfach war das. Ich ging voll in meiner Mutterschaft auf, und Werner und ich waren der festen Überzeugung, das Leben auch zu dritt gut meistern zu können. Nach einiger Zeit hatte ich mich mit der neuen Rolle „Ehefrau und Mutter" ganz gut arrangiert, fühlte mich erwachsen und reif.

Zwei Jahre später erhielt Werner das Angebot, an ein berühmtes Forschungsinstitut in die Vereinigten Staaten zu gehen. Seine Chance war gekommen, und so beschlossen wir, dem Ruf New Jerseys zu folgen. Vorgesehen war ein Aufenthalt von drei Jahren, im Endeffekt sind es fast zehn geworden. Aufgeregt wie ein Schulmädchen bereitete ich alles für die große Abreise vor und steckte voller Unternehmungslust, das noch fremde Land kennenzulernen.

Im Land der unbegrenzten Möglichkeiten beobachtete ich still Werners Karriere. Dabei dämmerte mir dann irgendwann, daß ich eigentlich zur Untätigkeit verdonnert war. Wer war ich eigentlich? Die einzig mögliche Antwort, die ich mir geben konnte, war: Werners Frau. Das erschien mir letztlich doch zuwenig. Vielleicht war die Erkenntnis meines vakuumartigen Lebensinhaltes ein Zeichen, um das Studium fortzusetzen? Unser Sohn war bei der Kinderfrau gut aufgehoben. „Es ist besser, du kümmerst dich selbst um unseren Sohn", war Werners Reaktion auf meine Zukunftsplanung. Sogar die Tatsache, daß ich nur vormittags außer Haus sei, konnte ihn nicht umstimmen. Viele meiner damaligen Bekannten und allen voran meine Eltern waren entsetzt bei dem Gedanken, ich könnte studieren oder, was noch viel schlimmer wäre, arbeiten gehen.

Von meinen Eltern hätte ich dies am allerwenigsten erwartet, denn sie waren doch die Triebfedern gewesen, die mich in Deutschland an die Universität gebracht haben. „Du hast doch alles, brauchst dich um nichts zu kümmern", waren die Argumente, die mir ein weiteres Zuhausebleiben versüßen sollten. Verständnis für mich und meine Situation schien keiner zu haben, geschweige denn, auf den Gedanken zu kommen, daß ich eine Aufgabe brauchte, die mich forderte und geistig anregte.

Aus einer Laune heraus, besuchte ich ein Seminar für Wiedereinsteigerinnen. Ich wähnte mich unter Leidensgenossinnen, daher war für mich die Überraschung groß, als alle eine abgeschlossene Berufsausbildung vorweisen konnten. Und ich? Ein paar Semester Medizinstudium – das war es. Mit großen Augen und merkwürdig stutzigen Gesichtern stuften sie mich wohl in die Kategorie „Nichtstuerin" oder „Nur-Ehefrau" ein, womit sie ja nicht unrecht hatten. Dieses Erlebnis rüttelte mich aus meinem Dornröschenschlaf und machte mir bewußt, daß es an der Zeit war, etwas zu unternehmen. Aber was? Das war hier die entscheidende Frage. Also begann ich einfach mal so einen Schreibmaschinenkurs – etwas ganz und gar anderes als die Ausbildung, die ich einmal angestrebt hatte. Aber für mich war es zumindest ein Anfang – und es machte sogar Spaß. Einmal Lunte gerochen, besuchte ich ein Wochenendseminar für Sekretärinnen – sehr zum Entsetzen meines Mannes. Seine Frau als Sekretärin, das konnte er sich in seinen schlimmsten Träumen nicht vorstellen. Mit „Du hast es doch nicht nötig!" versuchte er mich von diesem Vorhaben abzubringen. Er berichtete zwar nur Gutes über seine eigene Sekretärin, aber seine Frau als eine Kollegin seiner Untergebenen. Nein, das konnte nicht wahr sein! Dieser Gedanke schien ihn mehr zu quälen, als er zugab.

Sicher, ich hatte es finanziell nicht nötig, mich nach einer Arbeit umzusehen. Aber für mein Selbstverständnis und meine Persönlichkeit war es äußerst wichtig, endlich einer sinnvollen Beschäftigung nachzugehen. Hätte mir damals jemand gesagt, daß ich es bis zur Chefsekretärin schaffen würde, ich glaube, ich hätte denjenigen laut ausgelacht.

Das eine Jahr Ausbildung tat mir gut. Ich war selbstbewußter geworden, ich war eben nicht mehr nur die kleine, liebe und ewig zufriedene Ehefrau und Mutter. Vorher konnte ich nichts, nun aber konnte ich mit dem typischen Rüstwerkzeug einer Sekretärin aufwarten und darauf war ich stolz. Ein Real Estate Unternehmen suchte Mitarbeiter für das Sekretariat, so las ich zufällig in der Zeitung. „Auch Anfänger willkommen", hieß es in der Anzeige. In einem Traineeprogramm sollte der notwendige Schliff verpaßt werden. Relativ spät im Leben einer Frau nahm mein Berufsleben seinen Anfang. Zunächst erstmal mit gedrosselter Kraft an halben Tagen, später dann mit voller Leistung ganztägig.

Werner und meine Familie waren brüskiert, auf Verständnis von ihrer Seite brauchte ich nicht zu hoffen. Es störte mich auch weiter nicht, die Hauptsache war, daß ich mich und meine Bedürfnisse verstand. Lange Zeit hatte ich, ohne mir an meinen Gesichtszügen etwas anmerken zu lassen, gute Miene zum bösen Spiel gemacht. Doch jetzt mußte endgültig Schluß sein mit den Cocktailparties, auf denen man sich sowieso nichts zu sagen hatte, oder den anderen geistlosen Empfängen, wo man sich nur die Beine in den Bauch stand. Und nicht zu vergessen die wöchentlichen „Aber-bitte-mit-Sahne-Kaffeekränzchen", auf denen man den neuesten Klatsch über die Nachbarn erfuhr, wer wann einen neuen Schrank gekauft hat, wer sich schon wieder einen Urlaub in der Sonne leistete, welche Krankheit die Großmutter heimgesucht hat und weitere Nebensächlichkeiten. Mein Interesse war längst einem gelangweilten Gähnen gewichen.

Vielleicht durch die Veränderungen, die in mir vorgingen, oder gerade deswegen, bemerkte ich, daß meine Ehe ein Scherbenhaufen war. Eine fürchterliche Streiterei um unser Kind begann, aus der ich schließlich als Siegerin hervorging. Viel Kraft- und Nerveneinsatz waren dafür erforderlich gewesen. So begann erst mit Anfang 30 mein eigentliches Leben. Und das in einem fremden Land. Endlich auf eigenen Füßen zu stehen war eine gewaltige Umstellung. Das Leben hatte es mit mir bislang recht gut gemeint. Um finanzielle Dinge mußte ich mich weder kümmern noch sorgen, es war immer genug da. Ich mußte in dieser Zeit viele Enttäuschungen einstecken, aber ich habe auch viel hinzugelernt. Allem voran: Selbständigkeit und Eigeninitiative. Fast ganz automatisch habe ich so auch Freunde fürs Leben gefunden. Nicht vergleichbar mit denen, die mich bis zu diesem Zeitpunkt umgaben. Mein Sohn ging schon zur Schule, und so war es für mich nicht so schwierig, arbeiten zu gehen. Zumal in den USA die Unterbringungsmöglichkeiten für Kinder weitaus besser waren und Frauen in Amerika es somit wesentlich leichter hatten als berufstätige Frauen in Deutschland.

Recht schnell merkte ich, daß mein Halbtagsjob zum Sterben zuviel und zum Leben zuwenig einbrachte. Von daher war ein Full-time-Job genau das richtige. Aber damit nicht genug, abends bildete ich mich beruflich weiter. Ich frischte mein Französisch wieder auf und besuchte Rhetorikkurse. Ein souveränes, kompetentes Auftreten mit geschickten Formulierungen und Floskeln standen in der Maklerfirma hoch im Kurs. Allmählich brach bei mir der Ehrgeiz durch, und das zahlte sich aus, als mir die Position der Sekretärin des Managing Directors angeboten wurde. Ich griff sofort zu. Her mit der Stelle!

Mein Chef war ein phantastischer Vorgesetzter, recht schnell wurde ich seine rechte Hand, auch bei Verkaufsverhandlungen. Er bewunderte meine Sprachkenntnisse und wußte sie, für sich und sein Geschäft, gewinnbringend einzusetzen. Für betuchte Amerikaner vermittelten wir von einer Bauträgergesellschaft Eigentums- und Ferienwohnungen in der Karibik. Mein erster Ortstermin war aufregend, und mit stolz geschwellter Brust führte ich die Kaufwilligen herum. Meine Leistungen, die ich in der letzten Zeit erbracht hatte, konnten sich wirklich sehen lassen. Die Folge war eine saftige Gehaltserhöhung. Ganz anders als in Deutschland wurde man in den Vereinigten Staaten nach Leistung und nicht für den Besitz eines Doktortitels oder einer tollen Berufsbezeichnung bezahlt. Meine Zielstrebigkeit brachte mir eine gute finanzielle Entlohnung ein und ermöglichte meinem Sohn den Besuch einer Eliteschule. Der gesicherten finanziellen Basis standen zahlreiche Arbeitsstunden gegenüber, die mir wenig Zeit für meinen Sohn ließen, was zum Glück unserem guten Kontakt nicht geschadet hat. Unser Verhältnis ist auch heute noch hervorragend.

Die Karibik war für mich die Erfüllung meiner Wunschträume. Die Kombination aus Sand, Sonne, Meer, gepaart mit meinem Auftreten und meiner zuvorkommenden Art, ließ unsere Kunden entschlußfreudig zum Kaufvertrag greifen. Schon nach einem halben Jahr benötigte ich meinen Chef nicht mehr an meiner Seite und wickelte die Leute alleine ein. Jeder profitierte davon: Die Kunden freuten sich über ihre neue Errungenschaft, die Laune meines

Chefs war auf dem Höhepunkt, und ich war glücklich und fand auch eine gewisse Erfüllung in diesem Job. Langeweile kam in dieser Firma nicht auf, mein Aufgabengebiet war breit gefächert. Neben Telefonaten mit Kunden und Entwerfen von Werbeanzeigen gab ich meinem Chef Anregungen bei Problemlösungen oder beim Erarbeiten neuer Bereiche. Aus der Firma war ich bald nicht mehr wegzudenken, und nach vier Jahren war ich der Verkaufsprofi par excellence.

Verblüfft war ich, als mir vorgeschlagen wurde, den Leiter des Büros in Deutschland tatkräftig zu unterstützen. Mit diesem Gedanken mußte ich mich erst einmal auseinandersetzen, gemischte Gefühle kamen hoch. Schon viele Jahre war ich fort von Deutschland und nur zu sporadischen Abstechern zurückgekehrt, das letzte Mal vor zwei Jahren, zum 85. Geburtstag meines Vaters. Ich hatte in den USA eine Menge erreicht, ob mir das in Deutschland gelungen wäre, wage ich zu bezweifeln. Aber es war und blieb meine Heimat. Mit 43 Jahren hatte ich nicht mehr den unbändigen Trieb der jungen Generation, immer wieder neue Gegenden, neue Kulturen, neue Bräuche kennenzulernen. Ein ganz anderes Gefühl machte sich in mir breit: Heimweh. Dies und letztlich auch zahlreiche Gespräche mit meinem Vorgesetzten brachten mich dazu, nach all den Jahren wieder zurückzugehen. ,,Back to the roots", wie die Amerikaner sagen würden. Matthias, mein Sohn, den fast nichts mit meiner Heimat verband, blieb in den USA. Alt genug, eigene Entscheidungen zu treffen, war er ja.

Deutschland! Dieses Wort stand für: alles wieder neu entdecken, alte Pfade meiner Kindheit und frühen Jugend durchstreifen. Vieles hatte sich verändert, und trotzdem waren einige Dinge noch immer so, wie ich sie in Erinnerung behalten hatte. Bald schon war Schluß mit dem Ausflug in die Vergangenheit, der Alltag stand an. Gespannt, was die neue Aufgabe für mich bereithielt, trat ich die neue Stelle an. Wehmut erfüllte mich bei dem Gedanken an die Zeit mit meinem ehemaligen Chef. Viele Ratschläge gab er mir mit auf den Weg und gestand, ein wenig traurig zu sein über den Verlust seiner bisher besten Mitarbeiterin. ,,Sie haben immer meine Unterstützung", damit verabschiedete er mich. Nun stand die Zukunft vor der Tür, ein Zurück gab es nicht. Also, ran an die Arbeit! Vielleicht wird alles viel, viel besser, als man denkt.

Die ersten Wochen im neuen Büro waren mit viel Basisarbeit verbunden. Einiges mußte noch getan und angeschafft werden, und ich erstellte zunächst einmal eine lange Liste, was noch an technischem Equipment benötigt wurde. Mein neuer Chef war gerademal fünf Jahre älter als ich und sehr engagiert bei der Sache. Oder war es schon Ehrgeiz, der mich aus seinen stahlblauen Augen anfunkelte? Mit meiner unkomplizierten und direkten Art kam ich anfänglich gut zurecht. Doch ich bemerkte bald, wie sich Barrieren vor mir aufbauten. Barrieren verursacht durch Hierarchiedenken – unvorstellbar für die amerikanische Denkweise! Für meinen Chef waren seine Ausbildung und sein Doktortitel die Visitenkarte seines Selbstwertgefühls. Gleich am ersten Tag bekam ich deutlich gesagt, daß ich den ,,Doktor" in der Anrede nicht zu vergessen hätte.

Nicht nur, daß ich darauf achten mußte, ihn korrekt anzureden, damit hätte ich ja noch leben können. Aber daß mein selbständiges Arbeiten dahin war, hat mir doch sehr zu schaffen gemacht. Einen Brief selbst entwerfen? Weit gefehlt! Wofür gab es Diktierbänder? Diktieren war sowieso seine Spezialität, er bestimmte nämlich jede Minute meines Tagesablaufs. Vorschläge von mir, meine Erfahrungen im Umgang mit Kunden, wischte er mit einer flinken Handbewegung glatt vom Tisch. In welche Kategorie ich diesen Herrn einstufen sollte, fiel mir schwer. Macho oder eine Art Frauenhasser? Vielleicht war er ein Verfechter der These: ,,Für die Frau gibt es nur die berühmten drei K: Kinder, Küche, Kirche!" Da war er bei mir an der falschen Adresse, denn zwei Ks fielen bei mir ohnehin weg.

Vom eigentlichen Geschäft bekam ich absolut nichts mit. Alles wurde auf penibelste Weise von mir ferngehalten, als ob ich eine ansteckende Krankheit hätte. Damit ich auch nicht die kleinste Kleinigkeit mitbekam, schloß Dr. Brunner alles ein, so, als ob es sich um die Kronjuwelen handele. Seine Position, seine vermeintliche Macht über mich, versuchte er bei jeder Gelegenheit auszuspielen. Scheinbar brauchte er dieses Gefühl der Macht wie die Luft zum Atmen. Da er seine Autorität nicht durch Leistung und Persönlichkeit unter Beweis stellen konnte, wandte er die ,,An-allem-herumnörgel-Technik" an. Und dies in einer Ausdrucksweise, die jedem Wochenmarktschreier zur Ehre gereicht hätte. Einem Zimmermädchen in einer drittklassigen Absteige konnte es nicht schlimmer ergehen!

Ebenso ein rotes Tuch waren für mich die Jung-Manager oder die, die es mal werden wollten. Durch die Bank junge Leute, übermäßig von sich selbst überzeugt und maßlos arrogant gegenüber anderen. Für sie war ich ein Niemand, ein Nichts. Eine Sekretärin war in ihren Augen ein Dienstmädchen, das auch so behandelt werden mußte. In ihrer Unbedarftheit hielten sie mir Vorträge über ihre zukunftsorientierten Verkaufspläne und Strategien. Innerlich mußte ich schmunzeln, wenn ich sie so hochtrabend reden hörte. Ihnen von meinen Verkaufserfolgen in den USA zu berichten hielt ich für reine Zeitverschwendung, denn einen fachmännischen Rat von einer Sekretärin anzunehmen war unter ihrer Würde. Begehrt war ich bei diesen hochbegabten Jung-Exemplaren, wenn sie ihre liebe Mühe mit der englischen Sprache hatten. Um selbst aber immer noch als die Allround-Genies dazustehen, spielten sie meine Fähigkeiten ganz schnell auf ein Mindestmaß herunter mit Äußerungen wie: „Sie hat ja lange genug dort gelebt, sie muß die Sprache ja können."

Nach sechs Monaten, in denen mich nur meine gute Kinderstube davon abgehalten hatte, emotional zu entgleisen, ließ ich diesen Widerling und seine Kumpane den Kram alleine machen. So kam es, daß ich mich durch einen Wust von Zeitungen kämpfte, um eine neue Stelle zu ergattern. Unter anderem schickte ich meine Unterlagen an den Leiter eines bekannten Forschungsinstitutes, eine bekannte Persönlichkeit mit internationalem Ruf auf dem Gebiet der Onkologie. Eine Personalberatung war von seiner Seite eingeschaltet worden, um eine Sekretärin/Privatassistentin aus den zahlreichen Anwärterinnen herauszusondieren. Waren mir meine Sprachkenntnisse oder meine paar Jahre Medizinstudium zum ersten Mal in meinem Leben behilflich, daß ich es bis in die Endrunde der Bewerberinnen geschafft hatte? Insgesamt drei Frauen blieben im Sieb der Personalberatung hängen, und eine nach der anderen erhielt ihren Termin mit dem vermeintlichen neuen Arbeitgeber. Ich war am späten Vormittag an der Reihe, und von daher war sogar ein Mittagessen vorgesehen.

Schon als wir beide aufeinander zugingen, um uns zu begrüßen, war ich recht angetan von seiner Erscheinung, die eine sanfte Art von Autorität ausstrahlte. Wir kamen schnell ins Gespräch und fanden bald viele Gemeinsamkeiten, die das Gespräch im Fluß hielten. Die USA war eines seiner Lieblingsthemen, hatte er doch die meiste Zeit seines Studiums dort verbracht. Unsere Erlebnisse, unsere Begegnungen mit den Menschen dort, die Unterschiede in den Arbeitsstilen und -einstellungen hüben und drüben tauschten wir angeregt aus. Irgendwie hatte ich das Gefühl, daß es mit dieser Anstellung klappen würde. Professor Goldmann kannte zwar meine Familie, doch er ging sicher keinen Kompromiß nur wegen eines Bekanntschaftsverhältnisses ein. Wenn er sich für mich entscheiden würde, dann aus Überzeugung, war mein abschließendes Urteil nach dem Treffen. Und so war es auch – ich bekam die Stelle.

Auf seinem Gebiet war Professor Goldmann eine Koryphäe. Er verlangte sich selbst viel ab, und die gleiche Einstellung und eiserne Disziplin verlangte er auch von mir. Daß es ein ganz ungewöhnlicher Job sein würde, machte er mir bereits am ersten Tag klar. Er wollte nicht nur Engagement sehen, sondern absoluten Einsatz. Ich sollte vollends in dieser Aufgabe aufgehen und mich mit ihr identifizieren. ,,Viel Zeit für andere Dinge wird Ihnen nicht mehr bleiben", waren seine aufbauenden Worte. So ganz genau konnte ich mir trotzdem noch nicht vorstellen, was auf mich zukommen würde. Aber irgendeine Stimme in meinem Innersten, vielleicht war es die meines Ehrgeizes, sagte mir: ,,Das ist der Job deines Lebens, mach ihn gut!"

Ganz am Anfang meiner neuen Tätigkeit stand zunächst wieder einmal das Lernen. Nichts war mehr so wie bei einem Immobilienmakler, weder das Umfeld noch die Aufgaben. Welten trennten die zwei Branchen, aber auch die zwei Chefs. Professor Goldmann war galant und wußte sich auf seinem Parkett zu bewegen. Und manchmal wieder wirkte er schüchtern wie ein Sextaner, sogar ein bißchen introvertiert.

Vier bis fünf Stunden Schlaf wären für mich auf die Dauer zuwenig, um normal existieren zu können, das heißt, aufrecht und erhobenen Hauptes all meinen Verpflichtungen nachkommen zu können. Für Professor Goldmann stellte dies anscheind kein Problem dar. Aber davon abgesehen, sein tägliches Programm hätte er an einem 8-Stunden-Tag auch gar nicht geschafft. Er leitete nicht nur das Institut, sondern hielt Vorträge, gab Gastprofessuren und veranstaltete Diskussionsrunden in Zusammenarbeit mit internationalen Einrichtungen. Kein Tag verlief wie der andere, aber eines hatten sie alle gemeinsam: sie waren 19 Stunden lang. Bei diesem Marathonpensum fiel mir die Aufgabe der Trainerin und Managerin zu. Hier ein Hinweis, da eine Erklärung, Kaffee oder Stellungnahmen usw. halfen ihm, jeden Tag ans Ziel zu kommen – wenn auch ab und an mit Blasen an den Füßen.

Für mich stellte die Unterstützung für ihn eine Herausforderung dar. Die meisten Dinge waren völlig neu für mich, so daß ich wieder die Schulbank drückte. So en passant sollte ich Stenografie lernen. ,,Sie können nicht stenografieren?" lautete seine Frage. ,,Dann lernen Sie es!" war seine Antwort. Mit Banalitäten hielt er sich nie lange auf. Woher ich die Zeit für den Kurs nahm, war nicht sein Problem. Nur schnell mußte ich es erlernen. Weder Muße noch Zeit hatte er, darauf zu warten, bis ich in selbst erfundenen Kürzeln, die ich dann später doch nicht mehr entziffern konnte, alles niedergeschrieben hatte. Spontane Einfälle oder nur den Inhalt eines Telefonates festhalten, Informationen auf die Schnelle notieren, Protokollführen – für alle diese Tätigkeiten stellte Stenografieren eine erhebliche Arbeitserleichterung dar.

So vergingen die ersten Monate wie im Flug. Zeit, über meine neue Position nachzudenken, hatte ich nicht. Vor lauter Arbeit wußte ich häufig nicht, wo mir der Kopf stand. Meine Nächte wurden bald so kurz wie die seinen, denn befand er sich auf Reisen oder war er zu auswärtigen Terminen unterwegs, versuchte ich, das eigentliche Tagesgeschehen abends und nachts aufzuarbeiten. Reisen gehörte mit zu seinen zahlreichen Verpflichtungen. Flog er beispielsweise nach Japan, schien dies in ganz Tokio an den Litfaßsäulen auszuhängen. Mengen von Einladungen zu Kongressen, Universitäten oder privaten Empfängen flatterten auf meinen Schreibtisch. Bereits sortiert nach Teilnahme und Nichtteilnahme reichte ich sie an Professor Goldmann weiter. Sobald er auf dem Weg nach Japan war, war er keine Minute mehr allein. Zwar wurde von mir alles exakt geplant und vorbereitet, aber von dem Moment an, wo die Maschine abhob, begann mein Einfluß auf die Einhaltung des Besuchsprogramms zu schrumpfen. In Japan scheint der Begriff Freizeit oder Freiraum nur im Lexikon zu stehen, aus eigenen Erfahrungen kennt man diese dort wohl kaum. Der arbeitende Mann gehört der Firma, und das mit Haut und Haaren. So verfuhr man auch mit ihm, und dann tat er mir fast ein bißchen leid. Kaum wieder in Europa, sprudelte er über vor Begeisterung und lobte das Wissen und den Forschergeist seiner japanischen Kollegen. Offenbar gibt es in der Wissenschaft keine Grenzen, keine fremden Länder. Der Forscher sieht nur die Sache an sich, achtet weder auf Sprachen noch auf Hautfarben.

Allmählich bekam ich ein Gespür für seinen Arbeitsstil, seine Gewohnheiten, seine Eigenheiten, aber auch seine Schwächen. Seine größte war die Ungeduld. „Können die nicht schneller arbeiten, was dauert das so lange?" waren seine Standardfragen. Immer wieder versuchte ich ihm, einem anerkannten Wissenschaftler, etwas über die unterschiedlichen IQ-Werte der Menschen zu erklären und um Verständnis zu werben für die, die Gott mit einer „normalen Intelligenz" ausgestattet hat. Da er aber fast ausschließlich mit Menschen seines Kalibers zusammentraf, fehlten ihm der Sinn und das Gespür für den Durchschnittsbürger. Als sogenanntem Kopfmenschen, der kaum etwas aus dem Bauch heraus entscheidet, mangelte es ihm manchmal an dem nötigen Einfühlungsvermögen. Aber dafür hatte er ja mich. Ich war sein Verbindungsstück zu den Alltagsmenschen, ich war seine Geheimformel fürs Überleben in der Welt draußen.

Ruth E., 57 Jahre

Nach fast einem Jahr harter Arbeit hatte ich zwei Ziele erfolgreich erreicht: Ich hatte ein paar Kilogramm Körpergewicht verloren, aber Professor Goldmanns Vertrauen gewonnen. Wir waren zu einer Arbeitseinheit geworden, deren Zahnräder perfekt ineinander griffen, ohne ins Stocken zu geraten. Ich war sein zweites Gedächtnis, denn sein eigenes war so angefüllt mit Daten, daß dort keinerlei weitere Speicherkapazitäten mehr vorhanden waren. Seine Festplatte war voll mit Namen und Gesichtern von Menschen, mit denen er einmal zu tun gehabt hatte; Veröffentlichungen zu seinem Lieblingsthema konnte er noch im Schlaf mit Erscheinungsdatum und Autorenangabe rezitieren. Sein zweites Gehirn, also meins, war für die seiner Meinung nach unwichtigeren Dinge des Lebens verantwortlich: Was muß heute erledigt werden, welche Termine stehen an, was hat Priorität A? Überarbeitung seiner Reden, Korrekturlesen seines neuen Buches und dergleichen. Auch ein erstklassig funktionierendes Gehirn benötigt Freiraum, Luft zum Atmen und zum Denken. All dies verschaffe ich ihm durch eine sinnvolle Termin- und Tagesplanung.

Im Institut sind wir ein eingespieltes Team von Wissenschaftlern aller Art, Assistenten, Sachbearbeitern, Sekretärinnen und Laboranten. Untereinander weiß jeder von den Fähigkeiten und Kenntnissen des anderen. Dies erleichtert es mir, Vorgänge, falls sie nicht von mir bearbeitet werden können, an die richtige Adresse im Hause zu delegieren. Ich bin mittlerweile dort bekannt wie ein bunter Hund. Meine Art, etwas durchzusetzen, hat sich herumgesprochen, und niemand nimmt es mehr persönlich. Jeder weiß, wenn Ruth etwas braucht, „dann braucht sie es sofort und nicht erst morgen". Ich arbeite schnell und zuverlässig. Daß ich diese Eigenschaften nicht von jedem verlangen darf, habe ich ganz langsam gelernt. Ausnahme: mein Chef. Er zeigt das gleiche starke Engagement, und wir bilden somit eine gute Symbiose. Unser Betriebsklima ist, verglichen mit der Güteeinteilung für Supermarktware, von ausgezeichneter 1a-Qualität. Jeder macht seinen Job, aber holt bei Bedarf auch für den anderen die Kastanien aus dem Feuer.

Trotzdem kommt es auch bei uns schon mal vor, daß wir nicht einer Meinung sind. Ich vertrete meinen Standpunkt und meine Meinung dann energisch. Es käme mir nicht im geringsten in den Sinn, nachzugeben oder Professor Goldman schön zu reden, nur weil er mein Vorgesetzter ist. Eines unserer strittigen Themen ist die Eingruppierung von Menschen in bestimmte Kategorien oder Schubladen. Bevor bei ihm der Mensch selbst kommt, geht er wie nach einem bestimmten Ritual dessen Leistungen durch: Welche Ausbildung hat derjenige? Was sind seine beruflichen Schwerpunkte? Wie viele Veröffentlichungen kann er vorweisen? Zwischen all diesen für ihn immens wichtigen Fragestellungen habe ich noch den ungetrübten Blick für die Persönlichkeit des Menschen und seine Eigenschaften, unabhängig von der Wissenschaft. Professor Goldmann weiß das, seine Stärke ist unter anderem, meine Menschenkenntnis zu schätzen und sehr viel Wert auf mein Urteil zu legen. Damit ist er bisher sehr gut gefahren.

Nun wäre aber jedes Leben äußerst langweilig und ohne Höhepunkte, wenn alles immer reibungslos wie am Schnürchen laufen würde. Dies änderte sich bei uns schlagartig, als Frau Dr. Reichberg, Medizinerin mit Zusatzstudium Informatik, sich zu unserer Gruppe gesellte. Sie sah nicht nur gut aus, sie war auch noch intelligent, sprach mehrere Sprachen und konnte mit einem interessanten Lebenslauf aufwarten: Kind einer einflußreichen und wohlhabenden Familie, groß geworden in Südamerika, Studium in Deutschland und England. Professor Goldmann war sofort hin und weg von ihren ausgezeichneten Arbeiten und engagierte sie als seine wissenschaftliche Assistentin – für Dr. Reichberg ein Karriere-Sprungbrett nach ganz oben.

So, als ob sie schon ganz oben wäre, benahm sie sich jedenfalls und steigerte dieses Verhalten von Tag zu Tag. Zu Anfang zwang sie sich wenigstens noch, freundlich zu mir zu sein. Diese Nettigkeit legte sie jedoch bereits in ihrer Einarbeitungsphase ab. Ihr Fassadenlächeln kam mehr und mehr ins Bröckeln, je häufiger wir miteinander zu tun hatten. Ich war die Sekretärin von Professor Goldmann, sie war seine wissenschaftliche Assistentin und ihre Schlußfolgerung daraus: Ich war auch ihre Sekretärin, die nach ihrer Pfeife zu tanzen hatte. Sicher, ich hatte nichts dagegen, mal jemandem zur Hand zu gehen, aber doch nicht rund um die Uhr mit vollem Körper- und Hirneinsatz. Bei allem Organisationstalent, aller Gewandtheit und Flexibilität, aber für zwei Personen ständig zur Stelle zu sein, überstieg meine Leistungskraft. Woher nahm sie sich überhaupt das Recht, wie Freiwild über mich zu verfügen? Fand sie etwas nicht, wußte nicht mit der Technik umzugehen oder wollte mich einfach nur mal stören, rief sie mich an. Mit einer großen Portion Selbstbewußtsein und Unverschämtheit versuchte sie, mich zu traktieren. An einem Tag kam sie schwerbeladen mit einem Stapel Fachzeitschriften, ihren Kopf konnte ich dahinter nur erahnen, in mein Büro. Wusch, über meinem Schreibtisch öffnete sie ihre verschränkten Arme, und mit einem gewaltigen Rums landete eine Mischung der unterschiedlichsten Fachlektüre vor mir. „Muß bis heute abend kopiert werden!", quälte sie sich zwischen ihren

68 Ruth E., 57 Jahre

rotbemalten Lippen heraus, machte eine 180-Grad-Kehrtwendung und rauschte von dannen. Damit nicht genug, hier mal ein Ticket buchen, da ein paar Termine koordinieren und schließlich auch noch ihre Privatpost tippen. Alle Versuche, ihr deutlich zu machen, daß ich nicht für sie da wäre und für all diese Nebenarbeiten keine Zeit hätte, ignorierte sie mit einem Lächeln, das zum Faustschlag reizte. Aus Achtung und Respekt für meinen Chef nahm ich meine ganze Beherrschung zusammen und unterließ es, ihr gehörig die Meinung zu sagen. Sie nahm Professor Goldmann einen Teil seiner wissenschaftlichen Arbeit ab und war für ihn dadurch eine gute Mitarbeiterin. Aber nur für ihn!

Außerdem wollte ich ihn mit diesen Dingen nicht belasten und überlegte mir längere Zeit, wie ich selbst eine gute Lösung für mein Problem finden konnte. Man muß sich auch den unangenehmen Seiten im Leben stellen! Wie konnte ich diplomatisch und geschickt vorgehen, um mir diese Dame vom Hals zu halten? Endlich hatte ich eine passable Vorgehensweise ausgeheckt. Als vielversprechend und in allen Details für sie vorteilhaft erläuterte ich ihr, daß sie eigentlich selbst eine Sekretärin bräuchte. Begeistert über diese geniale Idee, wollte sie gleich mit Professor Goldmann sprechen. Frau Dr. Reichberg mit eigener Sekretärin – ein Statussymbol war für sie in greifbare Nähe gerückt. Viele schmücken sich gerne mit einer Mitarbeiterin, dies macht das Leben viel erträglicher. Man hat eine Person, der man etwas befehlen kann, aber was viel wichtiger ist, man kann, wenn man selbst getreten wurde, den Tritt nach unten weitergeben.

Ich wußte genau, daß Frau Dr. Reichberg mit ihrer Arbeit keine Sekretärin den ganzen Tag auslasten würde. Aber was sollte es, mir würde es sicherlich zugute kommen. Zwei Fliegen mit einer Klappe geschlagen! Und richtig, es war auch für mich ein herrliches Gefühl, noch auf jemanden zurückgreifen zu können, wenn es dringend nötig war. Waren Professor Goldmann und ich geschäftlich auf Reisen, so war das Büro weiterhin besetzt. Klingelte das Telefon an einem Tag wieder ununterbrochen, kümmerte sich die neue Kraft darum, und ich konnte konzentriert an meinen Vorgängen weiterarbeiten. Aber es machte auch Spaß, mit einem jungen Menschen zusammenzuarbeiten. Ich wies die neue Sekretärin in alle Routinearbeiten ein, gab ihr aber auch ein Stück Verantwortung. Und vor allem unterstützte ich sie im Umgang mit Frau Dr. Reichberg, unter deren Kapriolen sie manchmal zu leiden hatte.

Was Frau Dr. Reichberg neben vielen anderen guten Eigenschaften fehlte, war der Blick für das Wesentliche. So kam es mitunter vor, daß Professor Goldmann bei mir Analysen und statistische Daten anforderte, die in ihr Aufgabengebiet fielen. Ging ich der Angelegenheit nach, bekam ich eine schnippische Antwort, derweil sie pikiert hinter ihrem Schreibtisch saß. Was ihr nicht gefiel, war, daß ich über ihr Tun oder Nichttun bestens informiert war. Sie hatte nämlich ein Händchen dafür, sich nur das Interessante herauszupicken und den Rest den anderen zu überlassen. Aber nicht mit mir! Ich blieb am Ball und ließ nicht locker, bis ich die erforderlichen Unterlagen und Daten von ihr „eingetrieben" hatte. Auf diese Weise brachte ich ihr so ganz allmählich bei, welche Position ich im Institut einnahm. Ich bin nicht sicher, ob sie es je akzeptiert hat, aber gefallen hat es ihr bestimmt nicht, von einer Sekretärin kontrolliert zu werden.

Um bei der Wahrheit zu bleiben, muß ich gestehen, daß ein kleiner Fiesling in mir wohnt, der mich manchmal zu kleinen Bosheiten animiert: Wollte sie beispielsweise einen Termin bei Professor Goldmann, habe ich sie mit kleinen Vertröstungen so lange zappeln lassen, wie es nur machbar war. Daß ich mich zu diesen kleinen Machtspielchen hinreißen ließ, ärgert mich rückblickend, denn es ist so gar nicht mein Stil.

Wie stellen Sie sich eigentlich ein Institut vor? Gluckernde oder dampfende Reagenzgläser hinter verschlossenen Türen? Am Bunsenbrenner ein kleiner Professor mit Nickelbrille und langem Bart namens Unrat oder Einstein oder sonst irgendein vergeistigtes Genie? Verstehen Sie unter einem Professor einen vollkommen zerstreuten Menschen, der in einem Berg von Chaos lebt und sich außerhalb der Labortüren im Leben nicht zurechtfindet? Nein – ganz anders sieht dieses Leben und Arbeiten aus! Es ist ein knallharter Job, der Verhandlungsgeschick sowohl mit Auftraggebern, Patentanwälten als auch mit der lieben Konkurrenz erfordert. Repräsentationspflichten müssen ebenso übernommen werden wie Tag für Tag Durchsetzungsvermögen gefordert wird. Auch zukunftsorientiertes Planen und Denken muß im Leistungskatalog vorhanden sein. Denn wer würde sonst Millionenbeträge investieren, wenn nicht ganz klare, aussagekräftige wirtschaftliche Daten ein Forschungsprojekt untermauern würden? Der gute Ruf eines Wissenschaftlers allein genügt heute schon lange nicht mehr.

In all diesen Bereichen Professor Goldmann zu assistieren und zu unterstützen, das ist meine Sache. Zeitlich fixierte Projekte sind zu betreuen, Zwischenberichte anzufordern, eventuell Fristverlängerungen zu beantragen. Marktbeobachtungen müssen ständig erfolgen, die wichtigen Daten evaluiert und Professor Goldmann mit so wenig Papier wie möglich präsentiert werden.

Ruth E., 57 Jahre

Der Chef, das unbekannte Wesen, unterliegt, ebenso wie jeder andere Mensch auch, gewissen Gefühlsschwankungen. Aber wie macht er es richtig? Fährt er mal aus der Haut, ist er ein Choleriker; beherrscht er sich immer, ist er undurchschaubar. Einfach ist es nicht, Chef zu sein. Deswegen ist es gut, daß ich noch da bin: als Schaumstoffpolster zwischen Chef und Mitarbeitern. Hat Professor Goldmann sich einen Mitarbeiter vorgeknöpft, und dieser kommt einen Kopf kürzer aus dem Zimmer zurück, versuche ich „unseren" Chef von seinem emotionalen Höhenflug wieder herunterzuholen. Und damit solche Vorfälle erst gar nicht passieren, bemühe ich mich, derartige Gespräche, die Zündstoff in sich bergen könnten, auf günstige Tage zu legen. Meine Pufferrolle hat sich schon im Institut rundgesprochen, oft fragen mich die Mitarbeiter, ob es sich in den nächsten Tagen überhaupt lohnt, über Gehälter, Beförderungen oder Beurteilungen mit Professor Goldmann ein Gespräch anzufangen. Viele der engagierten und intelligenten Jungforscher haben meine Stellung im Hause schon herausgefunden und versuchen erst einmal die Frau vor Professor Goldmann auszufragen. Doch, gewitzt wie ich bin, lasse ich mich nicht zu leichtfertigen Bemerkungen hinreißen. Denn Vorsicht! Meine Meinung ist ja nicht immer die von Professor Goldmann. Da halte ich mich besser zurück und vermittle nur den Termin.

Alle Fäden laufen in meinem Büro zusammen. Niemand im Institut weiß so gut über die einzelnen Dinge Bescheid wie ich. Meine Kompetenz und Diskretion wird allseits geschätzt. Für einige bin ich auch die Mutter des Instituts, meine junge Kollegin beispielsweise liegt mit ihrem Freund in ständigem Clinch, und oft bittet sie mich um Rat. Andere erzählen mir Dinge aus ihrem Privatleben, weil sie wissen, daß ich eine gute Zuhörerin bin. In solchen Momenten schweifen meine Gedanken zurück in die Vergangenheit, und Melancholie überfällt mich. Aber zum Glück ruft dann meist irgend jemand, der mich gerade braucht, und so ist dieser Zustand schnell überwunden. Mir selbst fällt es schwer, über meine Gefühle so frei und ungezwungen zu sprechen. In meinem Elternhaus galt es als verpönt, seine Gefühle zu äußern, geschweige denn, sich emotionalen Ausbrüchen hinzugeben. Disziplin war alles!

Aber Zuhören ist wirklich etwas, was ich gut kann. Viele Männer, wie beispielsweise Professor Goldmann, oder auch Frauen in Führungspositionen haben Kummer und Leid genauso wie andere, und auch sie haben ein Mitteilungsbedürfnis. Aber wem sich anvertrauen? Bei einem guten Verhältnis wie bei meinem Chef und mir, kommt es hin und wieder schon mal vor, daß er seinen Frust einfach bei mir ablädt, daß er aus einer Freude heraus den Sektkorken über meinem Schreibtisch fliegen läßt oder seinen Ärger über einen Mitarbeiter loswerden muß. Wem sollte er es sonst sagen? Mit einem Schrank läßt sich so schlecht reden! Manchmal gibt er auch seine Weltanschauung preis, redet über verpaßte Chancen, über die Frau, die ihn partout nicht verstand, oder das „Aussteigen". „Macht dieses Arbeiten rund um die Uhr Sinn?", so philosophierte er an manchen Tagen. In solchen Momenten ist er ganz Mensch, nur er selbst, nicht der bekannte Professor. Zwar ist er diszipliniert wie eh und je, aber gelöster.

Männer scheinen über Gefühle schlechter sprechen zu können als Frauen. Nur einmal hat er es gewagt, eine private Frage an mich zu richten: „Warum haben Sie nicht wieder geheiratet?" Mangel an Zeit sei bei mir ein genauso trifftiger Grund wie bei ihm, erwiderte ich und lachte. Zeit scheint für Professor Goldmann sowieso eine Rarität zu sein. Er bringt sie noch nicht einmal auf, um sich neu einzukleiden. Werden die Hemden an bestimmten Stellen schon dünn, die Anzüge scheuern an den Ellenbogen durch, dann ist es wieder soweit, und ich nehme die Kleiderbeschaffung in die Hand. Die Sache mit den Hemden ist relativ einfach. Vor einigen Jahren habe ich ihn während eines Kongresses in London zu einem „Shirtmaker" gezerrt. Dort wurde Maß genommen, von dem Zeitpunkt an brauche ich nur noch zu bestellen, und die Lieferung kommt frei Haus. Mit den Anzügen verhält es sich etwas schwieriger. Diese kauft er von der Stange. Aber wann soll er in die Stadt gehen und in welches Geschäft? Und wenn er sich zu diesem Gang entschließt, dann ist es meist zu spät, und die Geschäfte haben geschlossen. Also sind wir übereingekommen, daß ich mich auch darum kümmere. Mittlerweile kenne ich seinen Geschmack. Ist die Zeit für neue Anzüge reif, wähle ich die Nummer eines Herrenausstatters, beschreibe meine Wünsche über Farbe, Aussehen, Schnitt und lasse mir eine Auswahl ins Büro bringen. Das Sammelsurium an Anzügen mit passenden Krawatten schleppt Professor Goldmann mit nach Hause – bei Nichtgefallen ist Umtausch inbegriffen. So einfach kann Kaufen sein. Was er sonst noch so braucht, liefern ihm die Duty-free-Shops oder Boutiquen auf den Flughäfen dieser Welt. Und dann ist da ja auch noch seine Haushälterin! Übrigens, eine tüchtige Frau. Sie hat seinen Haushalt voll im Griff. Wenn ich sie unverhofft anrufe, um mitzuteilen, daß Professor Goldmann in zwei Stunden noch fünf Gäste zum Abendessen mitbringt, ist das für sie kein Problem. Sie zaubert in kürzester Zeit die köstlichsten Leckereien auf den Tisch. In solchen Momenten fühle ich mich als Glückskind, denn dieser Rolle könnte ich auf gar keinen Fall gerecht werden. Was das Kochen angeht, bin ich nämlich eine absolute Niete. Bekanntlich kann man ja nicht alles im Leben können.

Genügend Berufen gehe ich nach: Sekretärin, Assistentin, Lektorin, Vermittlerin, Modeassistentin, Einkäuferin, Managerin, seelischer Mülleimer oder ganz einfach Gesprächspartner. Ich glaube, daß mein fordernder und manchmal anstrengender Chef mit all meinen Funktionen und auch mit mir sehr zufrieden ist. Persönlich hat er es mir nicht gesagt, aber von anderer Seite wird es mir zugetragen. Zweimal im Jahr bedankt er sich bei mir mit geschmackvollen Geburtstags- und Weihnachtsgeschenken. Ja, seine Haushälterin ist eben eine gute Perle! Ich weiß, daß er selbst nicht an alles denken kann, tue dann aber immer so: ,,Nein, daß Sie daran wieder gedacht haben!" Das freut ihn, und mir macht es nichts aus. Einmal im Jahr belohne ich mich selbst für meine gute Arbeit – mit Urlaub. Man gönnt sich ja sonst nichts!

An Weihnachten fliege ich immer in die Vereinigten Staaten, um meinen Sohn zu besuchen. Nach so langer Zeit gibt es eine Menge zu erzählen, von meiner Arbeit, die er bewundert, von seinen Plänen, die mich begeistern. Ich reise umher und tanke Kraft für das nächste Jahr. Besuch bei Freunden? Bei meinem eingeschränkten Privatleben sind nur ein paar ganz treue Seelen übriggeblieben, die mit mir noch Kontakt halten. Und sie akzeptieren, daß ich nicht immer für sie da sein kann, aber sie sind es für mich. Und dafür danke ich ihnen.

Ich bin mit meinem Beruf zufrieden. Und das kann nun wahrlich nicht jede Arbeitnehmerin von sich behaupten. Ich habe das Glück, meine ganz persönliche Erfüllung zu finden. Mein verdammt zähes Naturell und meine geistige Vitalität helfen mir dabei. Ich bin zwar nicht mehr ganz jung, die Falten sind da und lassen sich auch nicht mehr so problemlos unter Make-up verstecken. Aber was soll's, es sind weder Sorgenfalten noch Unzufriedenheitsrillen. Damit ich auch noch lange fit für meinen Job bleibe, ernähre ich mich rein vegetarisch, entsage dem Alkohol und meide jeden Glimmstengel.

,,Wie machen Sie das bloß?" werde ich häufig gefragt ,,Wie kann man nur soviel arbeiten?" Die Lösung ist ganz einfach: Es macht mir Spaß zu arbeiten. Je voller der Schreibtisch, um so mehr freue ich mich, mich durch den dicken Wust durchzukämpfen. Etwas zu bewegen, Menschen aus anderen Kulturkreisen kennenzulernen, andere Sprachen zu sprechen und immer wieder Neues hinzuzulernen, sind die Motive für meinen persönlichen Einsatz. Auch in meinem fortgeschrittenen Alter sollte der Horizont stets erweitert werden, aus Fehlern ist auch jetzt noch zu lernen. Die Verantwortung auf meinen Schultern erdrückt mich nicht, ganz im Gegenteil, sie hält mich wach und gibt mir das Gefühl des Gebrauchtwerdens. Im Institut, in dem eine Mischung aus erfahrenen, älteren Menschen und jungen, engagierten Leuten sich die Waage hält, spielt sich mein Leben ab. Wie viele Frauen in meinem Alter verfallen in Depressionen oder fühlen sich plötzlich nur noch alt, weil die Kinder aus dem Haus sind. Ihr einziger Lebensinhalt hat sich aus dem Staub gemacht und benötigt sie nur noch sporadisch. Sie wissen dann nichts mehr mit sich anzufangen und sind froh, wenn die Kinder wenigstens noch die Bügelwäsche nach Hause bringen.

Etwas verpaßt zu haben im Leben, dieser Gedanke quält mich manchmal, wenn ich eine glückliche Familie sehe. Neid diesen Frauen gegenüber steigt in mir hoch. Aber umgekehrt beneidet man auch mich. Eine Freundin, die eine glückliche Ehe führt und nette Kinder hat, hat mir ihre Bewunderung ausgesprochen. Eigene Erfahrungen sammeln und nicht alles wie Second-hand-Ware vom Ehemann erzählt zu bekommen wäre ihr Wunschziel gewesen. So ist das im Leben. Man möchte immer das andere noch ein wenig lieber als das, was man selbst hat.

Ich fühle mich mitten im Leben, schaue nach vorn und nur ganz selten mal zurück. Hätte ich mein Leben nochmal zu leben, so würde ich alles wieder genauso machen. Ich bereue nichts, rein gar nichts. Und auch in meinem zweiten Leben wäre ich wieder wie Edith Piaff und Maggie Thatcher, eine gut gelungene Mischung.

Barbara P., 47 Jahre

Nie wieder Sekretärin!

„Laß das Vergangene vergangen sein!" Goethes Faust sollte ich mir mehr zu Herzen nehmen. Doch gelingt mir dies nicht immer, bewegt mich meine Vergangenheit zu sehr. Viel, viel früher in meinem Leben hätte ich mich entschließen sollen, nochmal von vorne anzufangen, einen ganz anderen Beruf zu ergreifen. Noch mit 30 Jahren stand ich kurz davor, diesen Schritt zu wagen. Aber was wollte ich machen? Meine Vorstellungen waren viel zu verschwommen, als daß ich hätte sagen können, in diese Richtung muß es gehen, das möchte ich werden, dort möchte ich arbeiten. Hätte ich nach der Schule 1966 besser doch ein Lehramtsstudium anschließen sollen? Fast alle meine Freundinnen haben das gemacht, und heute geht es ihnen besser als mir. Sie fühlen sich nicht so aufgezehrt, so verbraucht. Lehrerin ist bestimmt der ideale Beruf für eine Frau, frau ist anerkannt, hat eine gutdotierte Stellung, wird respektiert und geachtet.

Könnte ich das Rad der Zeit zurückdrehen, so würde ich mein berufliches Leben gänzlich anders anpacken. Sekretärin würde ich auf keinen Fall nochmal werden. Alle die Erfahrungen und Ereignisse der vergangenen Jahre sind es, die meine Einstellung zu diesem Beruf von Grund auf verändert haben. Besonders das schlechte Image einer Sekretärin, mit dem man auch teilweise heute noch zu kämpfen hat, bewegt mich persönlich sehr. Nie habe ich versucht, mich frank und frei dagegen aufzulehnen, sondern habe mich vielmehr in die Defensive zurückgezogen. Am besten, man sagt erst gar nicht, welchem Beruf man nachgeht. Dann bekommt man auch kein allwissendes, arrogantes Lächeln zur Antwort. Hat man dagegen ein paar Monate Studium hinter sich, so scheint dies offenbar mehr Wert zu sein, als vor irgendeiner Cheftüre zu sitzen. Dabei können die kämpferischen Einsatzgebiete einer Sekretärin sehr unterschiedlich sein – die eine tippt den ganzen Tag, die andere koordiniert ein Vorstandsbüro. Aber welcher Außenstehende kann die Weite des umfassenden Kampfgebietes genau einschätzen? Sekretärin ist Sekretärin, basta, aus!

Abweichungen gibt es allerdings doch. Hat man zum Beispiel einen angesehenen, achtbaren Chef in einer gehobenen Führungsposition, so überträgt sich sein ehrbares Ansehen auf das seiner Sekretärin. Ganz banal gesagt, die Sekretärin steht und fällt mit ihrem Chef. Sicherlich gibt es auch Kolleginnen in meinem Berufsstand, die sich um ihre Bedeutung selbst eifrig bemühen. Ich meine den absolut autoritären und angsteinflößenden Typ vom Schlag: breitbeinig dastehen, Arme auf die Taille aufgestützt, mit einem Blick, der sagt: „Komm nur her, du wirst schon sehen." Selbst gestandene Manager schrecken davor zurück. Wenn dann eine Sekretärin noch der Ansicht ist, daß sie eigentlich die Rolle des Chefs mit übernehmen kann, ist die Gefahr der Selbstüberschätzung allerdings sehr groß. Vergleicht man die Arbeit mit einer Waage, sollte man stets auf die Balance Bedacht sein und nicht zu viel in eine Waagschale legen. Wie weit kann ich gehen, was kann ich selbst erledigen, was muß ich weiterleiten? Dies sind einige der Fragen, die eine Sekretärin sich täglich stellen sollte.

Unaufhörlich habe ich versucht, mich an alle diese Regeln zu halten. Hätte ich es sonst auch so weit gebracht? Sicher waren auch meine Ehrlichkeit und Belastbarkeit dafür ausschlaggebend. Sehr viel und hart zu arbeiten, ohne gleich schlapp zu machen oder einen gelben Schein abzugeben, gehört ebenso zu meinen Stärken. Mit dem Blick für das Wesentliche bin ich schon von jeher ausgestattet gewesen, für Unwichtiges habe ich mich noch nie ausnutzen lassen. Für Dinge, die auch am nächsten Tag erledigt werden konnten, bin ich nicht bis 22 Uhr im Büro geblieben. Ehrgeiz – früher hatte ich ihn zur Genüge. Heute muß ich sagen, verschwindet er mehr und mehr. Gerade nach den letzten Vorkommnissen in meinem Berufsleben scheint er sich ganz aus dem Staube gemacht zu haben. Aber ich fange mit meiner Schilderung besser ganz von vorne an:

Ich bin gelernte Industriekauffrau. Meine Ausbildung habe ich in einem mittleren Industrieunternehmen im südlichen Niedersachsen gemacht und bin nach meiner dreijährigen Lehrzeit als Sachbearbeiterin diesem Betrieb treu geblieben. Als die Position der Sekretärin für einen der Prokuristen frei wurde, nahm ich das Stellenangebot an. Damals hatte ich eine noch ungetrübte, unvoreingenommene Einstellung zu diesem Beruf. Auf diese Weise begann meine Laufbahn durch die Büros.

Aus privaten Gründen, aber auch um neue Erfahrungen zu sammeln, wechselte ich öfters die Stellen. Eine Zeitlang machte ich mir sogar einen Spaß daraus, gemeinsam mit meiner Freundin von einem Vorstellungsgespräch zum anderen zu eilen. Wir kamen in den Genuß, Städte wie Frankfurt, München, Hamburg oder Düsseldorf kennenzulernen – und dies für fast geschenkt: die Fahrtkosten wurden erstattet, und ab und zu sprang sogar eine Einladung zum Mittagessen dabei heraus. Wer kann da schon nein sagen? Wir nicht. Ernste Absichten, den einen oder anderen Job anzunehmen, steckten nie dahinter. Vorkommnisse, die sich nicht so ohne weiteres auf die heutige Arbeitsmarktsituation übertragen lassen. Lang, lang ist's her!

Mein längstes Arbeitsverhältnis dauerte neuneinhalb Jahre. Diese hundertvierzehn Monate verbrachte ich in einer Zeitungsredaktion als Sekretärin und später als rechte Hand des Chefredakteurs und Geschäftsführers. Alles in allem eine sehr interessante Aufgabe. Jede Tätigkeit in der Redaktion lief immer mit einer Spur von Hektik ab. Unablässig aktuell sein zu müssen und brisante Neuigkeiten auf den Frühstückstisch der Leser zu bringen, brachten dies wohl mit sich. Zeitungen brauchen Nachrichten von morgen und nicht von gestern. Wie in vielen Redaktionen herrschte eine angenehm lockere Atmosphäre, wir waren alle ein Team, das zusammenhielt, obwohl auch wir so bunt waren wie unsere Zeitung – ein Sammelsurium der unterschiedlichsten Charaktere. Ich war jung und dieses geschäftige Treiben gefiel mir. Besonders das fiebrige Hinarbeiten auf den magischen Zeitpunkt Redaktionsschluß, je näher wir ihm kamen, um so angespannter wurde die Lage. Man wurde förmlich mitgerissen, und wenn es wieder mal geschafft war, puh, dann atmete man erleichtert auf. Und der nächste Tag konnte kommen.

Obwohl ich diese Zusammenarbeit genossen habe, überkam mich mit Anfang 30 das Gefühl, etwas anderes machen zu müssen. Es war gewiß noch nicht die Endzeitstimmung. Aber Gedanken wie „das wird ja wohl noch nicht alles gewesen sein", kreisten durch meinen Kopf. Auf das Angebot der Zeitung, mich nach einem nur einjährigen Volontariat als Zeitungsredakteurin auszubilden, ging ich nicht ein. Soviel Zutrauen in meine Fähigkeiten hatte ich wiederum nicht. Meine verpaßte Chance? Diese Frage stelle ich mir heute noch.

Ich bewarb mich daraufhin als Verwaltungsangestellte bei einem Institut der Universität, genauer gesagt war es ein Lehrstuhl für Entwicklungsbiologie. Eine hochinteressante Tätigkeit, auch wenn ich von der Materie nicht alles verstanden habe. Dazu fehlte mir das notwendige Basiswissen. Aber welcher Otto Normalverbraucher hat Ahnung von Entwicklungsbiologie? Da zumeist Forschungsaufgaben anstanden, hatten Fragestellungen wie „Welche Geldquelle können wir als nächstes anzapfen?" oberste Priorität. Äußerst angenehm war, daß ich meine Zeit einteilen konnte, wie es mir paßte. Niemand schaute auf die Uhr, wann ich kam oder ging. Nicht für die Anwesenheit, sondern für meine Leistung wurde ich bezahlt. Hatte ich mein tägliches Soll erfüllt, konnte ich ab und zu den Rest des Tages freinehmen. Vorteil: Ich nutzte die übrige Zeit zur Auffrischung meiner Sprachkenntnisse in Uni-Kursen. Alles in allem war es eine schöne, unkomplizierte Zeit, auch wenn manchmal eine 60-Stunden-Woche auf dem Plan stand. Ich habe dies gerne gemacht, das Arbeitsklima war hervorragend, ich fühlte mich wohl und war in alles einbezogen. Jeder duzte jeden, und sogar noch heute habe ich Kontakt zu meinem damaligen Chef.

Als mein Mann 1984 in eine andere Stadt versetzt wurde, hieß es somit auch für mich Abschied nehmen. Sollte ich überhaupt noch arbeiten gehen? Würde ich noch einmal so eine reizvolle Stelle finden? Wie es der Zufall so wollte, fiel mir eine Zeitungsannonce in die Hände. Ein Pharmaunternehmen suchte eine Mitarbeiterin. Und da juckte es dann doch in den Fingern, es noch einmal zu versuchen und nicht von vornherein den Kopf in den Sand zu stecken. Quasi vom Fleck weg engagiert, wurde ich Sekretärin eines Prokuristen in der Klinischen Forschung. Noch ahnte ich nicht, daß ich damit beruflich einen großen Schritt nach vorne machen würde.

Zunächst einmal haderte ich sehr mit meinem Schicksal. Gewohnt, ohne zeitliche Zwänge zu arbeiten, fiel mir die Umstellung schwer. An der Universität kam ich morgens und ging abends, und das, wann ich wollte. War es draußen schön, entschloß ich mich halt, an dem Nachmittag einen Stadtbummel zu machen und die restliche Arbeit zu vertagen. „Kommst du heut nicht, kommst du morgen" – diese Einstellung war vollkommen legitim. Zwar war das Gehalt auch entsprechend gering, dafür aber das Leben frei von Streß. Symptome der Managerkrankheit hatten bei mir keine Chance.

In der freien Wirtschaft, in einem Pharmakonzern, sah das ganz anders aus. Keinerlei Freiräume mehr, ich fühlte mich wie eine Gefangene. Mit Gongschlag, der Klang allein weckte schon Erinnerungen an meine Schulzeit, wurde die Frühstücks- und ebenso die Mittagspause eingeläutet. Die Schlacht um Tabletts, freie Plätze in der Kantine, die letzten Buttercroissants oder das letzte Menü II konnte beginnen. Waren die Pausen schon strikt einzuhalten, wie war es dann mit der Arbeitszeit? Genauso, ich hatte mich von nun an nicht mehr nach dem Arbeitsvolumen zu richten, sondern nach dem Pförtner. Um es vorwegzunehmen, in meiner langjährigen Tätigkeit in diesem Unternehmen, ist es einmal morgens vorgekommen, daß ich wegen Glatteis zehn Minuten zu spät zur Arbeit erschien. Eifrige Arbeitnehmer sind bekanntlich bemüht, die versäumte Zeit wieder aufzuholen. Aber dies ist nur möglich, wenn die Pförtner mitspielen. Ich bekam stattdessen die rote Karte und mußte meine Begründung nicht nur an den Mann, das heißt an den Pförtner, sondern auch noch zu Papier bringen. Aber so war es nunmal: Die Pförtner waren die Hüter der Arbeitszeit. Vor ihnen gab es kein Entrinnen.

Diese Art der Arbeitszeitregelung konnte weder für die Qualität der Arbeit noch für die Motivation der Angestellten förderlich sein. Wie oft beobachtete ich von meinem Büro aus, daß Kollegen schon kurz vor Dienstschluß um 16 Uhr 30 mit aufheulenden Motoren vor der Ausfahrt standen, um dann beim Gongton als erste durch die Schranke zu brausen. Ein lustiges, zugleich auch klägliches Schauspiel! Auch ich mußte mich wohl oder übel anpassen, besser gesagt: ich wurde angepaßt. Zunächst befand ich mich mit meinen Kolleginnen auf dem Kriegspfad, die mir ein Verderben der guten Sitten vorwarfen, wenn ich die Pausen nicht einhielt. So hielt ich mich deswegen so gut es ging an den Brauch, nach Dienstschluß fluchtartig das Gebäude zu verlassen. Manchmal wurden auch Überstunden nötig, die ich meist gar nicht anschreiben ließ. Dafür war dann wieder eine Begründung in dreifacher Ausfertigung sowie eine Beglaubigung in ebenso zahlreichem Maße erforderlich. Nein danke, daran hatte ich absolut kein Interesse.

In den zwei Jahren, die ich in der Klinischen Forschung beschäftigt war, fühlte ich mich von jeher in der Außenseiterrolle. Lag es daran, daß ich zehn Jahre älter war als die Kolleginnen oder daran, daß meine Interessen ganz anders gelagert waren? Ich war nicht ein Teil des Ganzen, höchstens zu zwei Kolleginnen hatte ich näheren Kontakt. Fortwährend hatte ich das Gefühl, stets draußen vor der Tür zu stehen und von allem, was drinnen vor sich ging, abgekapselt zu sein. Das Gefühl des Alleinseins in einem riesigen Unternehmen, das kannte ich bis dahin nicht. Trotz dieser widrigen Umstände lebte ich mich ein, was blieb mir auch anderes übrig. Angepaßt habe ich mich allerdings nie ganz, obwohl ich mich bemühte, es allen recht zu machen.

Als mein damaliger Chef die Firma verließ, informierte er mich über die freiwerdende Sekretärinnenposition in der Vorstandsetage. Professor Riegel, unter anderem zuständig für die Klinische Forschung, suchte eine Mitarbeiterin eben aus diesem Bereich. Er fragte mich, ob ich interessiert sei. Selbst forciert hätte ich das nie, aber so ... Professor Riegel gefiel mir, war stets höflich, nett und freundlich. Warum eigentlich nicht? Letztendlich war es Professor Riegel selbst, der mich überzeugte, seine Sekretärin zu werden. So hielt ich Einzug in die elitäre Etage des Hauptverwaltungsgebäudes. Saß man erst einmal in dieser Beletage, fühlte man sich in eine andere Welt hineinversetzt. Man hatte das Gefühl, hoch über den Dingen zu schweben, und bei Knopfdruck war das Gewünschte da. Man berichtete mir, daß es das Höchste war, was man in dieser Gegend als Sekretärin erreichen konnte, nämlich als Renommierdame im Vorzimmer der Geschäftsführung zu sitzen. Aber auch Sprüche wie: „Da haben Sie nicht mehr soviel zu tun. Sie klingeln, und alles wird erledigt – das wird bestimmt langweilig für Sie!" bekam ich zu hören. Ein wenig Neid, vielleicht auch Mitleid für meine bedauernswerte Situation schwang darin mit. Aber so, wie die Außenwelt sich das Interieur der Chefetage ausmalte, war es so wirklich?

Professor Riegel begann ganz geschickt, mir das Gefühl zu vermitteln, unentbehrlich für ihn und den Geschäftsablauf zu sein. Nach einiger Zeit war ich dann selbst überzeugt, daß er ohne mich sein Büro dichtmachen könnte. Damit, so wußte er genau, würde er erreichen, daß ich den Windpocken aus dem Weg gehen und jedem hustenden Mitmenschen in der Bahn den Rücken zuwenden würde. Immer gesund zu sein, genau das war ja meine Stärke: präsent sein, um das zu leisten, was man leisten kann.

Kurze Zeit später ging Professor Riegel allmählich dazu über, keine einzige Unterlage mehr in seinem Zimmer aufzubewahren. Dort hätte man eine Driving-range für Golfer oder ein Tanzcafe eröffnen können, es bestand niemals die Gefahr, daß man etwas umstoßen oder vom Tisch fegen konnte. Der Raum war so gut wie leer. Nirgendwo lag etwas herum, Staub auf seinem Schreibtisch fiel sofort auf. Mein Zimmer dagegen, das krasse Gegenteil. Wo sollte ich all die Akten stapeln? Auch die besten Möbel-Anbausysteme scheitern irgendwann am Raummangel.

Das Büro für einige Momente zu verlassen, war bald undenkbar geworden. Denn kam für ihn ein Anruf, mußte ich ihm die entsprechenden Unterlagen heraussuchen und reichen. Der Vorteil war, daß ich alle Vorgänge kannte, optimal organisiert war und alles zu jeder Tages- und Nachtzeit griffbereit hatte. Nachteil: Konnte ich noch jemals Urlaub einreichen?

Unseren Arbeitstag begannen wir mit einer etwa einstündigen Besprechung über den geplanten Tagesablauf. Wir tauschen Informationen aus, er trug mir Dinge auf, äußerte Terminwünsche, bat mich um Sitzungsvorbereitungen. Im Gegenzug weihte er mich in alle Firmeninterna ein, ich kannte von daher die Zusammenhänge, wer zu wem und wohin gehörte, wer wem was sagte. Ich hatte sein absolutes Vertrauen.

In Sachen Terminkoordination verhielt er sich vorbildlich. Er machte Termine nie selbst aus – für mich (und ihn) die beste Voraussetzung, nicht an Doppelbuchungen zu scheitern. Da ich absolut freie Hand und Einblick in alle Firmendetails hatte, machte mir die Rundum-Organisation von, für und mit Professor Riegel großen Spaß. Hatte er auswärts eine Besprechung, wußte ich, welche unserer Mitarbeiter er noch zu sprechen wünschte; bei einer Sitzung mit seinen Kollegen ahnte ich, welche Informationen er noch benötigte. Wie von Geisterhand geführt, verlief unsere Zusammenarbeit. War er auswärts in einer Besprechung und vereinbarte dort einen weiteren Termin, rief er mich an und fragte: ,,Kann ich den Termin wahrnehmen, oder haben Sie etwas dagegen?" Denn grundsätzlich war mein Kalender der mit den aktuellen Eintragungen. Insgesamt gab es drei: einen in meinem Büro, einen zweiten in seinem Büro und einen kleinen Taschenkalender, den er immer bei sich trug. Soweit, daß ich seine privaten Termine ausmachte, ging es jedoch nicht. Aber ich wußte zumindest Bescheid, wann er beim Friseur war oder ob er abends eine private gesellschaftliche Verpflichtung hatte.

Professor Riegel arbeitete sehr diszipliniert. Bei seinen Besprechungen, aber auch bei Telefonaten, gab ich ihm eine Zeitangabe mit auf den Weg. Er hielt sich daran und war deshalb durch und durch organisiert. Preußisch korrekt, war er ein Mensch, der leicht durch die Irrungen und Wirrungen des Arbeitslebens zu führen war. Terminabsagen – das gab es bei uns nicht. ,,Jeder Termin ist gleich wichtig", lautete unser Grundsatz. Wer zuerst den Termin ausgemacht hatte, behielt diesen Termin auch, kam, was da wollte. So, wie manch andere Chefs ihre Zusammenkünfte ganz leger angehen, nochmal eben jenen Mitarbeiter schnell dazwischenschieben, nochmal kurz mit dem telefonieren, das war nicht seine Art. Hierarchien wie ,,Ober sticht Unter" hatten für ihn keine Bedeutung. Absolute Priorität hatten dagegen Termine mit dem Vorstand der Muttergesellschaft oder wenn akute Problemstellungen die Präparate betreffend anstanden.

Bei meiner Terminplanung für Professor Riegel achtete ich immer auf ausreichende Pufferzeiten. Nicht im Viertelstundentakt, ähnlich der Deutschen Bahn, ließ ich einen Termin für ihn anrollen. Er brauchte ja auch Zeit für sich selbst. Ruhe, um die Post zu sichten oder einfach um mal nachzudenken.

Mein Dienst am Telefon beschränkte sich nicht nur auf das Abwimmeln von hartnäckigen Anrufern. Zwar wollten viele ausschließlich den Chef sprechen. ,,Sie sind darüber nicht informiert, das können Sie nicht wissen", haben sich meine Ohren in all den Jahren unzählige Male anhören müssen. Diese Standardsprüche zu ignorieren und durch bohrendes Nachfragen den Anrufern ihre Wünsche und Nöte doch noch zu entlocken, bedurfte eines gewissen Fingerspitzengefühls. Zwei Seiten profitierten davon: Mein Chef wurde nicht gestört, und die Anrufer wurden trotzdem zufriedengestellt – durch meine Antwort oder die Vermittlung an kompetentere Gesprächspartner. Aber einfach war das nicht, denn gerade in großen Konzernen trifft man oft auf die prinzipielle Äußerung: ,,Ich bin dafür nicht zuständig." Das ist die einfachste Reaktion, um die Telefonleitung schnell wieder frei zu bekommen. Aber nur nicht aufgeben und abschütteln lassen, war meine Losung. Ich warf meine Angel aus, und bald hatte ich die Personen herausgefischt, die meinen Telefonkandidaten wirklich behilflich sein konnten.

So einfach könnte Telefonieren und Durchstellen bzw. Nichtdurchstellen sein, wenn dem nicht einige Chefäußerungen entgegenstehen würden. Denn es gibt eine große Anzahl von Führungskräften, die sich dessen wahrlich nicht bewußt sind und sich gern mit den Sätzen schmücken wie: ,,Ich bin grundsätzlich für jeden jederzeit zu sprechen", oder: ,,Für meine Mitarbeiter habe ich immer ein offenes Ohr." Als Sekretärin sitzt man dann zwischen den Stühlen. ,,Aber er hat doch gesagt, dann muß er auch, ..." reagiert der Anrufer verständlicherweise verbittert, wenn er nicht zum Zuge kommt. Und stelle ich ihn zu seiner Freude durch, habe ich den Rest des Tages keine mehr.

Auf meine Weise ersetzte ich Professor Riegel während längerer Abwesenheit oder Urlaubszeit. Nein, seinen Job konnte ich nicht machen, aber ich delegierte vieles an die Abteilungen oder holte mir fachlichen Rat von Direktoren oder Abteilungsleitern, um Vorgänge vorzubereiten oder zu bearbeiten. Auch nach zwei Wochen Urlaub hatte Professor Riegel weiterhin einen leergeräumten Schreibtisch. Wir beide zur gleichen Zeit in Urlaub, das wäre für uns ein Unding gewesen. In vielen anderen Büros ist dies zwar gang und gäbe. ,,Wegen Betriebsferien geschlossen", könnte dort an der Tür stehen, hinter der sich dann nach dem Erholungsurlaub ein chaotischer Neubeginn abspielt. Aber gerade Kommunikation und Information sind die Grundvoraussetzungen für einen reibungslosen und erfolgreichen Arbeitsablauf. Ist dies nicht andauernd gewährleistet, nimmt das Ansehen Schaden.

Während der Abwesenheit ihres Chefs kann eine Sekretärin ihre Kompetenz und Fachkundigkeit besonders gut unter Beweis stellen und somit ihr Ansehen deutlich steigern. Denn Kompetenz spricht sich rum. Einmal in medizinischen Belangen meine Kenntnisse unter Beweis gestellt, war ich für unsere Telefonzentrale die Erste-Hilfe-Station. Es kam soweit, daß ein Anruf aus dem

Krankenhaus letztendlich zu mir durchgestellt wurde. Dort hatte nachts ein Kind unbemerkt Tabletten geschluckt, beim Magenauspumpen konnte man noch einen Teil unseres eingestanzten Logos erkennen. Aber um welches unserer unzähligen Medikamente handelte es sich? Alle Hebel setzte ich in Bewegung, um diesem Kind zu helfen. Und mit der Unterstützung vieler Kollegen war es uns möglich, anhand des Ortes, des zuständigen Kontors und der zu beliefernden Krankenhausapotheke den Namen des Medikaments herauszufinden. Stolz erfüllte mich über die gelungene Sisyphusarbeit.

Als wir zur Muttergesellschaft überwechselten, änderte sich einiges für mich. Positiv empfand ich den Umzug in eine andere Stadt, ich war froh, den bisherigen Wohnort verlassen zu können. Mein Mann arbeitete schon seit ein paar Wochen in der Nähe meines neuen Arbeitsplatzes. So brachte die räumliche Veränderung keine Schwierigkeit. Trotzdem war in der neuen Umgebung vieles anders. Augenscheinlich zunächst einmal, als wir unser neues Domizil betraten. In einem Vorstandsbüro tummelten sich drei Personen, nein, keine Besucher, sondern drei Mitarbeiter, die alle zuständig waren für ein Vorstandsmitglied. Je größer der Konzern, desto größer die Büros in den Führungsetagen. Mit Statussymbolen läßt sich schon was darstellen. Vor allem: Je mehr Mitarbeiter man um sich schart, um so bedeutender muß man selbst sein. Kaum vorstellbar, sie arbeiten in einem Büro zusammen: ein Assistent (meist ein Akademiker!) mit seiner Sekretärin und eine Chefsekretärin. Ihre Aufgabe: verteilen der Arbeit. – Was man nicht gerade als kostengünstige Lösung für ein Riesenunternehmen auf dem Sparkurs bezeichnen kann. Auch hier schien sich zu bewahrheiten, daß häufig am falschen Ende gespart wird. Wäre nicht eine Sekretärin für ein Büro ausreichend? Viele Personen, die das gleiche tun, können auch Sand ins Getriebe streuen.

Das Hauptwerk des Konzerns kannte ich bisher gar nicht, weder von außen noch von innen. Geschweige denn, daß ich wußte, wer was machte, wo er was machte und für wen er es machte. Bei einer so großen Anzahl von Mitarbeitern, zehn Hundertschaften der Polizei sind dagegen eine kleine Gruppe, war die Neuorientierung sehr mühsam und das Erkennen von Zusammenhängen nicht in einem Monat erledigt. Und so blieb mir nichts anderes übrig, als nach der ,,Einfach-anfangen-planen-und-realisieren-Arbeitsweise" vorzugehen.

Mein Chef hat mich in der Anfangsphase sehr unterstützt und jederzeit zu mir gestanden. Wo er konnte, wies er mich ein, informierte mich und förderte mich, so gut es ging. Im Gegenzug war für ihn wichtig, daß ich, wie eh und je, immer für ihn da war. Meine Bitte, einmal kurze Zeit bei einer ausländischen Vertretung zu arbeiten, lehnte er kategorisch mit: „Ich brauche Sie hier!" ab, und damit war für ihn das Thema erledigt. Wie wir es auch bisher gewohnt waren, arbeiteten wir in einer ruhigen und ausgeglichenen Atmosphäre zusammen. Er war immer gut gelaunt und höflich. Daß er grantig an mir vorbeirauschte, mißmutig die Türen zuschlug oder mich mit bösen Blicken strafte, kam nie vor. Welches Glück für mich, denn welche Sekretärin hat schon gerne, wenn der böse Wolf hinter der Tür sitzt? Meist bezieht man die Mißstimmung auf sich und seine Leistung, was nicht gerade förderlich für die Arbeit ist.

Professor Riegel blieb trotz aller Veränderungen bei seinem Kurs, mich weiter über alles auf dem laufenden zu halten. Selbst bei Personalentscheidungen konnte ich meine Meinung äußern und Hinweise geben. Dieses offene Vertrauensverhältnis beruhte auf Gegenseitigkeit und führte dazu, daß wir uns bald blind verstanden. Ich war ein Glückspilz im Hinblick auf meinen Chef, der auch immer wieder Verständnis für meine Schwächen aufbrachte. In einem großen Konzern ist die vorherrschende Eigenschaft die Trägheit, und dieses Gesetz hatte mir schon im Physikunterricht immer Schwierigkeiten bereitet. Müßiggang, auch bekannt als aller Laster Anfang, dafür hatte ich weder besonderes Verständnis noch die nötige Geduld.

Was diese ganze Zeit mit Professor Riegel noch abgerundet hätte, wären lustige Begebenheiten gewesen, über die man noch später als Rentner im Seniorenheim die Lacher auf seiner Seite hätte. Professor Riegel war dazu zu reserviert und viel zu korrekt, als daß er mit Späßen seine Mitarbeiter antreiben würde. „Wir haben doch Spaß an der Arbeit, wozu brauchen wir Witze", damit versuchte er eine positive und heitere Stimmung zu verbreiten, womit er eigentlich nur sich selbst gemeint haben konnte. Ein geborener Komiker war er nicht, aber gerade weil er ein betont korrekter Mensch war, blitzte ab und zu eine Art Situationskomik auf. Als ihm eine Kollegin eine Tasse Tee brachte, vergaß er, sich zu bedanken, kam deswegen noch einmal aus dem Büro und beauftragte mich, der Kollegin in seinem Namen für den Tee zu danken. Umständlicher ging es nun wirklich nicht. Aber Höflichkeit mußte halt sein!

Sein Spleen, daß ich allgegenwärtig zu sein hatte, wuchs allmählich zu einer riesengroßen traumatischen Seifenblase heran, die irgendwann platzen mußte. Als dies geschah, wollte er es nicht wahrhaben und meine Krankheit nicht akzeptieren. Wurde ein Chef nicht krank, wie konnte dies sich seine Sekretärin erlauben? Ich hatte mir eine schmerzhafte Wirbelsäulengeschichte eingefangen und konnte kaum noch gehen. Mein Mann fuhr mich ins Büro, den Schaltknüppel meines Autos hätte ich nicht bewegen können. Wollte ich meine Schreibtischschubladen öffnen, mußte ich Hilfe anfordern. Wie ich diesen Arbeitstag von neun oder zehn Stunden überlebt habe, ist mir noch heute ein Rätsel. Sicher haben Professor Riegels schmerzstillende Medikamente ihr übriges getan, um mich wie im Dilirium über die Runden zu bringen. Wie gut, daß ich in einem Pharmakonzern angestellt war. Freundlicherweise stellte er mir eine „Assistentin" zur Seite, die mich dann in meinem Stuhl von einer Schrankseite zur anderen rollen konnte. Zu eigenständigen Fußbewegungen war ich nicht mehr fähig. Als es schlimmer wurde, konnte er meine Qualen nicht mehr mit ansehen und ließ mich zum Werksarzt verfrachten, der mir eine Spritze verpaßte. „Sie wollen jetzt doch wohl nicht schlapp machen?" waren seine aufmunternden Worte, als ich wieder ins Büro gebracht wurde.

Lange hielt ich dieses Martyrium durch. Durch Überredungskunst schaffte er es stets, daß ich am nächsten Tag wieder da war, zwar immer noch mit erheblichen Schmerzen, aber voll des Gefühls, ich kann ihn nicht alleine lassen. Nach zwei Wochen (!) ging nichts mehr. Den kleinen Finger zu bewegen, allein dies wurde schon zur Tortur. Jetzt mußte ich erst einmal an mich und meine Schonung denken. Diese dauerte fast drei Wochen. In dieser Zeit rief er mich fast täglich an. Wie es mir ging, wußte er demnach in hinreichendem Maße, aber nicht, wann ich wieder einsatzfähig war. Und das konnte sich schließlich von einem auf den anderen Tag schlagartig zu seinen Gunsten ändern!

Der nächste Tiefpunkt, jedoch seelischer Art, traf mich eines Tages vollkommen unerwartet: Man brauchte mich nicht mehr. Das war bitter und tat sehr weh. Gerade nach all diesen Jahren, die ich mich so für den Konzern eingesetzt hatte. Nicht, daß ich keine gute Arbeit mehr ablieferte, das war nicht der Grund. Professor Riegel mußte gehen. Und wenn der Chef ging, konnte die Dame, die mit ihm in einem Boot saß, ebenfalls sehen, daß sie irgendwie das rettende Ufer erreichte. Vielleicht wurde ich gegangen, weil ich soviel wußte?

Professor Riegel hatte man übel mitgespielt, ein Club von Auserwählten hatte sich zusammengetan und Front gegen ihn gemacht. Dies mit Erfolg. Professor Riegel machte sich Gedanken und Sorgen um meine Zukunft, aber ansonsten konnte er mir auch nicht weiterhelfen. Selbst ist die Frau, sagte ich mir, obwohl mein seelischer Zustand nach zehn Jahren Konzernzugehörigkeit auf dem Nullpunkt angekommen war. Es war, als hätte man das Seil, an dem ich

Barbara P., 47 Jahre

hing, kurz vor Erreichen des Berges gekappt. Innerhalb von sechs Wochen hatte ich das Büro zu räumen. Viel zuwenig Zeit, um eine adäquate Anstellung zu suchen und vor allem zu finden. Sicher, ich hätte von dem Recht auf meinen Arbeitsplatz Gebrauch machen können. Aber da Professor Riegels Nachfolger seine Stelle mit Sekretärin antrat, wer weiß, wo sie mich hingesteckt hätten. Eines hatte mich dieser Vorfall gelehrt: „Jeder ist jederzeit zu ersetzen, und zwar von einer Stunde auf die andere."

In meinem jetzigen Job fühle ich mich wie eine leere Hülse. Ich bin nicht mehr informiert, weiß nicht mehr, um was es geht, bin infolgedessen nicht mehr kompetent. Jeder wurschtelt so vor sich hin. Was ich vorher gemacht habe, interessiert keinen. Wie so viele andere meiner Kolleginnen, sitze ich draußen vor der Tür des Chefs – und mehr nicht. Ich bin entschlossen, mit fünfzig Jahren aufzuhören. Warum auch so weitermachen? Es sei denn, die ganz große Herausforderung käme auf mich zu. Aber die wird wohl auch in den nächsten drei Jahren auf sich warten lassen.

Sylvia St., 36 Jahre

Freizeit – nur was für andere!

Für manche gilt: „My home is my castle." Für mich trifft eher zu: „Mein Beruf ist mein Hobby." Das war aber nicht gleich von Anfang an so. Nach dem Abitur hatte ich ganz feste Vorstellungen von meinem späteren Broterwerb: Sozialpädagogin war das gesteckte Wunschziel. Vor dem Studium mußte ich zunächst ein einjähriges Berufspraktikum absolvieren, um meine praktischen Kenntnisse für den zukünftigen Beruf nachzuweisen. Dafür mußte ich mein geliebtes Heimatstädtchen verlassen, was bis zu diesem Zeitpunkt, abgesehen von einigen Urlaubsabstechern, noch nie vorgekommen war. Im Ort kannte jeder jeden, eine gewisse Vertrautheit umgab mich. Auf irgendeine Art fühlte ich mich mit meiner Heimat fest verbunden.

Für mich und zahlreiche andere Menschen war es ein glücklicher Umstand, daß meinem Studium ein derartiges berufsähnliches Jahr vorgeschaltet war. Denn dieser Beruf hatte sich in meinen Träumen so ganz anders dargestellt. Ich revidierte infolgedessen enttäuscht meine Entscheidung und schaffte in meinem Herzen wieder Platz für einen neuen Traumberuf. Den Sprachen gehörte schon von jeher meine Liebe. Warum sollte ich mir dies nicht zu eigen machen? Und los ging's – drei Jahre dauerte die Ausbildung zur Fremdsprachenkorrespondentin, die ich mit sehr guten Noten abschloß. In diesen Jahren wohnte ich mitten im Herzen des Rheinlands. Köln hatte ich zwar kennen- und liebengelernt, aber trotzdem wollte ich die Domstadt nicht zu meinem ständigen Wohnsitz erklären. Die rheinischen Frohnaturen waren doch so ganz anders als die süddeutschen Kleinstädter, und daher kehrte ich Vater Rhein nach der Ausbildung wieder den Rücken.

Meine ersten praktischen Grundkenntnisse erlangte ich als Büroangestellte in einer kleinen Maschinenfabrik. Durch meine sprachlichen Fähigkeiten erweckte ich schnell die Aufmerksamkeit des Export-Leiters, und ohne nur im geringsten zu Zaudern, wechselte ich auf sein Angebot hin in seine Abteilung. Hier konnte ich endlich zeigen, was in mir steckte. Bisher beschränkten sich meine sprachlichen Höchstleistungen nämlich nur auf das Weiterleiten englischer Anrufer. Und dafür waren mir die harten Jahre meiner Ausbildung doch zu kostbar.

Sylvia St., 36 Jahre

Mit der wachsenden Verantwortung wuchs auch die Länge meines Arbeitstages. Den ursprünglich 7,5 Stunden standen nun neun bis zehn Stunden gegenüber. Hinzu kam noch, daß die USA zu unseren wichtigsten Hauptabnehmern gehörte und die Zeitverschiebung nicht selten Einfluß auf unsere Arbeitszeit nahm. Unsere Geschäftspartner an der Westküste der Neuen Welt hatten ihr morgendliches Leistungshoch, wenn bei uns bereits die ersten Bleistifte fielen und der Bürolärm dem Staubsaugerdröhnen wich. Ich fühlte mich verpflichtet, so lange im Büro zu bleiben, bis alle Arbeit erledigt war. Und so war meist auch schon der Staubsauger nicht mehr zu hören, wenn ich ging.

Mein Arbeitseifer brachte mir Lob und Anerkennung ein, aber keine Gehaltserhöhung. Meine Versuche, diese „einzutreiben", stießen auf taube Ohren. Da kein Mensch auf Dauer allein vom Lob leben kann, entschloß ich mich, wenn auch schweren Herzens, die Firma zu wechseln. Ich hatte mittlerweile geheiratet und in unserer Ehe den Part des regelmäßigen Geldlieferanten übernommen. Mein Mann, von Beruf Bildhauer, erzielte für seine Werke nicht immer nur Höchstpreise.

Eine neue Anstellung in unserer kleinen Stadt zu finden, war schon damals ein ziemlich schwieriges Unterfangen. Nach einigen Bewerbungen kam ich schließlich in einer Papierfabrik in unserer Nähe unter. Dieses Zwischenspiel währte jedoch nur zehn Monate. Um dem starken ausländischen Konkurrenzdruck standzuhalten, der den Kleinbetrieb schwer belastete, war Personalabbau unumgänglich. So gehörten der Gang zum Zeitungskiosk ebenso wieder zur täglichen Routine wie Zeitungswälzen und Anzeigenstudium. Zum Glück erfuhr ich eines Tages von einer Bekannten, daß eine Abteilungssekretärin in der größten Firma unserer Stadt gesucht wurde. Das war es, da mußte ich hin! Dieser Betrieb verkörperte meine Heimat, machte sie über die Grenzen hinaus bekannt. Das Textilunternehmen fand Anerkennung in unserer Stadt und gleichzeitig auch jeder, der dort angestellt war. Obendrein winkten attraktive Verdienstmöglichkeiten. Nicht daß die Entlohnung das A und O einer Stelle ist, aber ohne eine vernünftige finanzielle Basis erscheint mir das Leben doch eine Spur schwieriger. Geld macht nicht glücklich, doch es beruhigt ungemein.

Voll guten Mutes steuerte ich das Vorstellungsgespräch an. Meine Einstellung – Loyalität und Verbundheit – dem Betrieb gegenüber hatte ich anscheinend so gut an den Mann gebracht, daß ich bald ein weiteres Mal eingeladen wurde. Ich lernte meinen zukünftigen Chef, Leiter des Exports, kennen, den ich als

Sekretärin und Assistentin zielstrebig durch das Arbeitsleben führen sollte. Attribute wie jung, dynamisch, erfolgreich waren wie auf ihn zugeschnitten, und er paßte haargenau in das Bild, das ich mir von dieser Firma gemacht hatte. Auf die Zusammenarbeit war ich riesig gespannt.

Schnell lernte ich den Betrieb von der Pike auf kennen, dabei half mir meine gute und rasche Auffassungsgabe. Von der Näherin oder Büglerin bis hin zur Chefsekretärin kannte ich fast alle meine Kollegen. Und so blieb es auch für mich kein Geheimnis, daß die Firma verkauft werden sollte. Eine mulmige Stimmung machte sich im Hause breit. Wie Nebelschleier zog die Unsicherheit ihre Bahnen und ergriff fast jeden. Keiner wußte, was auf ihn zukam und was die neue Situation für Konsequenzen für den einzelnen mit sich bringen würde. Doch irgendwann hatte die Zeit des Wartens ein Ende und Erbarmen mit uns. Der Belegschaft wurden die neuen ausländischen Hauptaktionäre präsentiert. Begeisterte Aussprüche, wie ,,wunderbar, was die vorhaben", ,,endlich passiert hier mal was", machten die Runde, und die neue Geschäftsführung avancierte für einige Wochen zum Gesprächsthema Nr. 1. Versprechungen prasselten auf uns nieder wie Regentropfen an den Fenstern. Man lobte sich selbst in den höchsten Tönen, und die weitere Arbeit wurde in den rosigsten Farben ausgemalt. Nicht lange, da fielen alle wieder in den Trott der Normalität zurück. Bis nach einem guten Jahr erneut ein Gespräch mit der gesamten Belegschaft anberaumt wurde. Kein Gerücht war vorher durch die Abteilungen der Firma kursiert und gab uns den Anschein, wenigstens etwas zu wissen. Wie ein Blitzschlag aus heiterem Himmel traf uns daher die Neuigkeit: Erneut waren wir verkauft worden – an einen anderen Hauptaktionär.

Neue Besen kehren immer gut, so auch unser neuer Hauptaktionär. Er ging nicht mit Glacéhandschuhen zu Werk, sondern ließ einen Tornado los, der unseren Vorstandsvorsitzenden gleich mitnahm – im Handgepäck eine gute Abfindung. Ein sehr seltsames Phänomen, das mir übrigens nur aus höheren Positionen bekannt ist. Die Autorücklichter des ehemaligen Chefs waren noch zu sehen, da parkte der nächste Mann am Steuer schon ein. Schriftlich wurden die Angestellten vom Wechsel in der Geschäftsleitung und über den Namen des neuen Mannes an der Spitze informiert: Dr. Herbert Petermann. Das mußte fürs erste reichen!

Meine guten Kontakte nutzte ich aus, um einiges über den Chef zu erfahren. So kam es, daß die Chefsekretärin aus dem Nähkästchen plauderte und in mir ein Opfer für ihren Frust mit dem neuen Top-Manager gefunden hatte. Ihr Angebot, sie in ihrer Urlaubszeit zu vertreten, klärte ich mit meinem Chef, der sein Einverständnis gab. Was blieb ihm auch anderes übrig? Mit gemischten Gefühlen ging ich an meine neue Aufgabe. Ganz unvoreingenommen wollte ich die Sache anpacken und kein Schubladendenken aufkommen lassen. Die Meinung einer Person durfte ich doch nicht zu meiner eigenen machen! Angst? Nein, warum denn, meine Leistungen wurden bisher materiell wie immateriell honoriert. Und wie ein Vorstandssekretariat aussah, wußte ich auch. Mir konnte doch nichts passieren!

Zwei Tage lang wies Frau Noll mich ein. Sie zeigte mir alles: „Hier sind die Unterlagen für ..., achten Sie auf ..., Priorität hat ..., bei diesem Telefonat müssen Sie daran denken, daß ..., bei jenem Termin arrangieren Sie dies!" So war ich vollgestopft mit Informationen, aber auch voll des Tatendrangs, diese nun auch an den Mann, sprich: Petermann, zu bringen.

Alles hätte so schön sein können, wenn nicht die spannungsgeladene Atmosphäre das Klima stark aufgeheizt hätte. Frau Noll trug ihre persönliche Aversion gegen Dr. Petermann ganz offen zur Schau. Ständig hatte sie an ihm etwas auszusetzen, nörgelte herum oder lästerte über ihn – auch außerhalb des Vorstandsbüros. Ihm blieb dies nicht verborgen, und er revanchierte sich mit harten Kontern. Spitze Bemerkungen jagten täglich quer durch den Raum – und ich saß mittendrin. Angenehm war diese Situation auf keinen Fall. Das beste Gegenmittel, das ich zum Einsatz brachte, war: alles ignorieren. Frau Nolls Verhalten war ganz und gar nicht angebracht. Weder vor Mitarbeitern noch vor Geschäftspartner darf man sich als „Sprachrohr des Vorgesetzten" und „verlängerter Arm der Geschäftsführung" derartige Fauxpas erlauben.

In den zwei Wochen der Vertretung sah ich Dr. Petermann kaum, Sitzungen und auswärtige Termine beanspruchten ihn stark. Frau Noll hatte ihre Abwesenheit sehr gut vorbereitet, und ich brauchte nur zu agieren und kaum zu reagieren. Eigeninitiative war nicht nötig. Ich notierte alles Wichtige und harrte so lange im Büro aus, bis auch Dr. Petermann ging. Panische Angst erfüllte mich, ich könnte irgendetwas vergessen, und so fixierte ich alles schriftlich. Mindestens zwei Stenoblöcke schrieb ich voll, die Frau Noll nach ihrer Rückkehr erstaunt entgegennahm, wohl in der Annahme, es handele sich um meine Biographie. Vollends in Erstaunen versetzte sie meine fröhliche Schilderung über die Zusammenarbeit mit Dr. Petermann. Dies brachte sie an ihrem ersten Arbeitstag schon wieder in Wallung und der Kantine neue Nahrung an Gesprächsstoff.

Ein bißchen traurig ging ich an meinen Arbeitsplatz zurück, der mir zwar Spaß machte, mich aber nicht in dem Maße forderte. Gern dachte ich an die vergangene Zeit in der Chefetage zurück: Dr. Petermann war charmant und nett gewesen, ganz anders als in den Schilderungen seiner engsten Mitarbeiterin. Er forderte allerdings auch viel und achtete stets darauf, daß alles prompt und genau erledigt wurde. Er selbst war äußerst diszipliniert und korrekt, schon eher pingelig. Viele bezeichneten ihn daher als Erbsenzähler, für ihn dagegen war es seine Form von Ordnung.

Ungefähr drei Monate hielt es Frau Noll noch bei ihm aus, dann ging sie – im gegenseitigen Einvernehmen. Damit der Arbeitsablauf im Sekretariat weiterhin reibungslos funktionierte, wurde ich auf diesen Posten „befördert", bis Ersatz für Frau Noll gefunden war. Zweifel packten mich, und ein unsicheres Gefühl machte sich in mir breit. Warum mußte ich wieder einspringen? Auf Wunsch von Dr. Petermann oder des Personalleiters? Zukünftig wollte ich nicht zwischen zwei Arbeitsbereichen hin- und herspringen. Genausowenig verlockend erschien mir die Aussicht, beim Tauziehen zweier Männer die Rolle des Seils einzunehmen. Während dieses beruflichen Schwebezustandes entwickelte sich vor meinem geistigen Auge ein Gedankengespinst und ergriff allmählich vollends von mir Besitz. Wie wäre es, wenn ich die neue Frau Noll würde? Nicht nur für ein paar Wochen im Jahr, sondern für immer.

Unbeirrt und konsequent ging ich an mein hochgestecktes Ziel heran. Ich arbeitete emsig und versuchte jegliches Aufkeimen eines Fehlers schon im Ansatz zu ersticken. Nichts leitete ich ohne zweifache Kontrolle an Dr. Petermann oder irgendeinen anderen Mitarbeiter weiter. Dr. Petermann war derart mit Arbeit und Verpflichtungen eingedeckt, daß er scheinbar kaum bemerkte, welche Dame sein Vorzimmer bereicherte. Ein Termin jagte den anderen, und zwischen zwei Terminen schaffte er es gerade noch, seinen Kopf ins Sekretariat zu stecken, und ohne meine Antwort auf: „Gibt es irgend etwas Wichtiges, Dringendes?" vollständig abzuwarten, war er schon wieder aus meinem Gesichtsfeld verschwunden.

Entscheidungen mit einer neuen Kollektionsreihe und einem neuen Designer standen an. Dieses Projekt war sein Zögling, und nichts durfte umsonst gewesen sein. Überall waren für das neue Produkt Einsparungen gemacht worden, und nur mit vehementem Einsatz konnte er sich gegen die starken Vorbehalte anderer Vorstandsmitglieder durchsetzen. In dieser angespannten Zeit war meine Rolle als ausgleichender Pol sehr gefragt. Als ein eher ruhiger, zurückhaltender Typ versuchte ich, meine Gelassenheit auf ihn zu übertragen.

Sylvia St., 36 Jahre

Wo sich schon Hektik breitgemacht hat, sollte wenigstens einer die Ruhe bewahren. War dies vielleicht der Grund, warum mich Dr. Petermann kaum wahrnahm?

Viele Monate lang arbeitete ich wie in einem luftleeren Raum. Ich war die Sekretärin des Vorstandsvorsitzenden, aber offiziell war ich es wiederum nicht. Dies setzte mir so zu, daß ich diese Sache für mich geklärt wissen mußte. Um das Thema geschickt auf einen neuen Arbeitsvertrag zu lenken, wartete ich einen günstigen Zeitpunkt ab. Dies gelang mir auch, Teil 2 meines Vorhabens hatte hingegen kein Happy-End. ,,Damit lassen wir uns wohl noch etwas Zeit?" war seine lakonische Antwort. Die Worte trafen mich wie eine Ohrfeige. Nach einer kurzen ,,Durststrecke" gewann mein Ehrgeiz allerdings wieder Oberhand. Und jetzt erst recht! Mit diesen Gedanken machte ich mich an die Arbeit. Das artete dermaßen aus, daß ich sogar die Nacht zum Arbeitstag umprogrammierte, damit auch nur ja alles für den nächsten Tag akkurat vorbereitet war. ,,Tagsüber ja, aber nachts auch noch arbeiten?" Mit einem Kopfschütteln signalisierte mein Mann mir unmißverständich seine Meinung. Ich aber appellierte an sein Verständnis und blieb unbeirrbar auf dem einmal eingeschlagenen Weg.

Als erstes großes Projekt hatte ich Dr. Petermanns Auslandsreise vorzubereiten. Unzählige Telefonate mußten geführt werden, immer wieder kam es zu Terminverschiebungen: Herr Brown konnte nun doch erst um 16 Uhr, der Besuch in der Fabrik ABC wurde auf 10 Uhr vorverlegt, das Abendessen bei Millers fand am nächsten Tag als Mittagessen statt, und und und … Als mein Plan endlich Hand und Fuß hatte, war ich begeistert. Mein freudiges Gesicht ging jedoch kurzerhand in einen gequälten Ausdruck über, als Dr. Petermann den Plan mit zahlreichen Änderungen versah. Noch mehr Termine sollten in das Programm aufgenommen werden, für eine Tasse Kaffee im Stehen blieb bald keine Zeit mehr. Um wenigstens ein völliges Termindesaster zu verhindern, plante ich bei Fahrtstrecken sogar Stauzeiten mit ein, skizzierte Wegstrecken durch fast ganz New York – eine Stadt, von der ich nur die 5th Avenue und den Broadway dem Namen nach kannte.

Trotz der kaum vorhandenen freien Zeit kam Dr. Petermann noch auf den Gedanken, während der Geschäftsreise einen alten Freund aufzusuchen. Wenn er dies tat, dann quartierte er sich stets im gleichen Hotel ein. Ausgebucht! Die Reservierungsabteilung ließ sich auch nicht von einer schluchzenden Stimme aus Deutschland überreden, ein Zimmer, ,,es kann auch etwas kleiner sein", anzubieten. Aber einmal in eine Sache verbissen, ließ ich nicht locker. Mit Hilfe einer Freundin, die in Deutschland bei einer internationalen Hotelkette arbeitete, buchte ich Dr. Petermann doch noch in das gewünschte Hotel ein. ,,Puh, geschafft!", atmete ich erleichtert auf. Obgleich es auch nur ein kleiner Erfolg war, den ich auf meinem Konto verbuchen konnte, zeigte mir dies, daß es lohnenswert sein konnte, sich für etwas einzusetzen. Mein Chef hat übrigens nie erfahren, wie er an sein Zimmer gekommen ist.

Aber noch immer hatte ich nicht alle Hindernisse dieser Reisevorbereitungen restlos überwunden. Ein bekannter Stoffdesigner bescherte uns Terminprobleme, und erneute Änderungen wurden nötig. Auf den letzten Drücker bekam ich das Band mit dem Vortrag von Dr. Petermann. Nachdem es abgetippt war und ich erschöpft in den Bürostuhl zurücksank, legte er mir aktuelle Informationen vor, die unbedingt noch am gleichen Tag mit in den Text eingearbeitet werden mußten. Und nochmal von vorn!

Mappen aus der Werbung? ,,Nein, die sind auch noch nicht eingetroffen", war die leidige Antwort der PR-Abteilung. Mahnungen, konsequentes und beharrliches Kontaktieren mit einem bestimmten Tonfall in der leicht vibrierenden Stimmlage verschafften mir nach zeitraubenden Telefonaten die Imagebroschüren in mein Büro. Gerade noch rechtzeitig, damit sich mein angeknacktstes Nervenkostüm wieder regenerieren konnte.

Ich buchte Flüge, notierte Flugnummern, Abflugzeiten, Name des Piloten vom privaten Charter, bestellte Fahrer, schrieb Adressen und Telefonnummern von Besprechungsorten, Hotels, Restaurants und Treffpunkten auf. Meine Listen ähnelten längenmäßig in rekordverdächtiger Weise den Quittungsspulen von Supermarktkassen. Nichts konnte meiner akribischen Arbeitsweise entgehen. Abendessen und Lunchs waren genau fixiert und reserviert. Vorsicht ist die Mutter der Porzellankiste, war schon die Devise meiner Großmutter und lieber noch mal im New Yorker Restaurant angerufen und nachgefragt, ob alles okay ist. Rein gar nichts war in Ordnung. Meine amerikanische Kollegin hatte sich um eine Stunde vertan.

Erneut nochmal alles durchgecheckt – die Vorbereitungen waren abgeschlossen. Alles andere lag jetzt in den Händen Dr. Petermanns. Seine Aufgabe war es, das Image unseres Unternehmens nach außen gut darzustellen und in seinen Verhandlungen eine gute Figur abzugeben. Donnerstag um 12 Uhr 10 brachte ihn der Fahrer zum Flughafen.

Am darauffolgenden Tag war meine Großreinemachen-Aktion gekommen. Ich arbeitete alte Vorgänge auf, sortierte Stapel von Informationsmaterial, sonderte aus und legte ab. Sonst hatte ich keine Ruhe für so etwas. Gerade unter einem Stapel von Aktenordnern und Klarsichtheftern begraben, klingelte gegen 13 Uhr 30 das Telefon, Dr. Petermann war es. Bevor ich den Mund noch richtig öffnen konnte, um ihm kleine Nettigkeiten zu entlocken, hörte ich nur: „Wieso haben Sie mir nicht die Autotelefonnummer notiert?" Nummer? Welche Nummer? Nach meinem Zeitplan befand er sich auf dem Weg vom New Yorker Flughafen zum Designer. Meinte er etwa die Autotelefonnummer eines Wagens, den er sich unter Hunderten selbst ausgesucht hatte? Mit hellseherischen Fähigkeiten oder gar besseren Beziehungen zum lieben Gott als andere konnte ich leider nicht dienen. Mein Wochenende war damit hin, und ich übertrug meine schlechte Laune auf alles und jeden. Ich mußte ihn auf diesen Vorfall ansprechen, es brodelte richtig in mir. Alles hatte ich arrangiert, selbst Unmögliches möglich gemacht. Und wegen einer lächerlichen Telefonnummer wurden mir Vorhaltungen gemacht?

Fast die ganze Woche grübelte ich über diesen Vorfall nach. Doch je intensiver ich mich damit befaßte, um so mehr wurde mir bewußt, daß ich bei einer Auseinandersetzung mit meinem Chef nur den Kürzeren ziehen konnte. Welches Interesse konnte Dr. Petermann haben, dieses Thema noch einmal aufzuwärmen? Er hatte ganz andere Probleme, bei dessen Bewältigung ich ihm zur Seite stehen sollte. Vertraute er mir nicht sein wichtiges Gut an: seine unwiderruflich und kontinuierlich verrinnende Zeit. Er hatte genügend um die Ohren, und es war meine Aufgabe, allen unnötigen Ärger von ihm fernzuhalten und allen erdenklichen Zeitkillern handgreiflich zu Leibe zu rücken.

Nachdem ich eine ganze Woche Muße hatte, in mich zu gehen, sah ich danach meine Rolle in diesem Unternehmen aus einer ganz anderen Perspektive. Nicht ich war die Hauptdarstellerin in diesem Stück, sondern er, der Vorstandsvorsitzende. Alle Verantwortung lastete auf ihm, für jeden Fehler mußte er geradestehen. Mein Job war es, ihn zu unterstützen, keine zu machen – zumindest im organisatorischen Bereich.

Mit diesem gänzlich neuen Selbstverständnis begrüßte ich frohgelaunt und ausgeglichen meinen Chef bei seiner Rückkehr. Ich war überrascht, als er von sich aus das Thema „Telefonnummer" zur Sprache brachte und sich für seine etwas überspitzte Art, zumindest mit halbem Herzen, entschuldigte. Ich winkte ab, servierte ihm seinen Kaffee und ließ ihm zwei Stunden Zeit, die Post- und Unterschriftsmappen durchzuforsten. Sicher standen schon längst zahlreiche Mitarbeiter in den Startlöchern und warteten nur auf den Startschuß, um als erste durch die Cheftür zu stürmen und Dr. Petermann zu vereinnahmen. Ja, wenn sie wußten, wann er erreichbar war. Das blieb sehr oft mein Geheimnis. Bei weniger wichtigen Gesprächen schummelte ich auch ein wenig und verschob seine Ankunft um einen Tag. So verschaffte ich ihm gönnerhaft bei der täglichen Terminregelung immer wieder mal ein oder zwei Stunden Luft. Gerade Dr. Petermann mit einem bis an den Rand vollgestopften Terminkalender brauchte seine „stille Stunde". Wo sollte er sonst die Kraft und Kreativität für das Tagesgeschäft hernehmen?

Es gab immer Menschen, die ihm seine Zeit rauben wollten und unbedingt auf ein Gespräch unter vier Augen bestanden. Mit der Zeit bekam ich ein Gefühl dafür, wann es sich lohnte, etwas anderes anzubieten, als das, was die Person vorher eigentlich wollte. Alles im Interesse des Chefs! Da ich alle Belanglosigkeiten abblockte und unangenehme Nachrichten sogar vor ihm las, war ich sozusagen seine Wegbereiterin, aber auch die Vorkosterin, die prüfte, ob er sich eventuell den Magen verderben konnte. Ich arbeitete im stillen Kämmerchen, aber beim kleinsten Fingerschnippen meines hilfesuchenden Chefs war ich zur Stelle.

Die Woche seiner Geschäftsreise hatte ich genutzt, alle Vorgänge und Ereignisse so aufzubereiten, daß er innerhalb kürzester Zeit auf dem aktuellen Stand war. Eilige Post hatte ich gleich per Kurier oder Telefax in die USA weitergeleitet. Im Laufe der gemeinsamen Arbeit faßten wir allmählich Vertrauen zu einander. Ich bemerkte, daß ich seine Disziplin übernahm und bald noch pingeliger wurde als er, und das will schon was heißen. Übrigens, ich bekam auch meinen Vertrag als Vorstandssekretärin. Aber das war jetzt gar nicht mehr so wichtig wie noch vor ein paar Monaten. Ich brauchte das Stück Papier nicht mehr, um zu wissen, ob ich Vorstandssekretärin war oder nicht. Wir beide wußten es, und so regeln sich manche Dinge im Leben eben von selbst.

Die Terminplanung für Dr. Petermann ist mein zeitaufwendigstes Arbeitsprogramm. Ein Termin ist ein Produkt, das bearbeitet, geformt werden muß und nach einer gewissen Zeitspanne erst als fertiges Endprodukt vor einem liegt. Meist sind dann auch die Nerven am Ende. Alles muß stimmig sein, von der Auswahl des Besprechungsortes bis hin zu den vorzubereitenden Unterlagen und den noch zu verteilenden Informationen. Die Sekretärin übernimmt bei diesem Spiel die Regie und führt mit Improvisationstalent und Anweisungen durch das Programm.

Wie ein Roboter in der Autoindustrie spult man seine Überlegungen ab, das Ergebnis kann aber stets anders aussehen. Es ist abhängig von den Teilneh-

96 Sylvia St., 36 Jahre

mern, vom richtigen Verhalten am Telefon und von der richtigen Zeitplanung. „Time is money" trifft auch hierfür zu. Und noch ein ganz entscheidender Faktor: Wie muß ein Arbeitslunch aussehen? Kaum verständlich, aber damit sind schon ganz entscheidende Schlachten geschlagen worden.

Als Vorstandssekretärin ist man die Repräsentantin des Unternehmens, die lebende Visitenkarte. Mit Menschlichkeit und Humor am rechten Platz bin ich bisher ganz gut gefahren und komme folglich mit allen Menschen gut aus. Ob es Designer, Politiker oder Manager sind, ich nehme dabei keine ehrfürchtige Haltung an, sondern spreche mit jedem von Mensch zu Mensch. Dabei achte ich auf das Besondere des Gegenübers, manch einer ist für kleine Schmeicheleien empfänglich, ein anderer berichtet gern von seinen Hobbies. Genau wie man selbst, so möchte auch die Person am anderen Ende der Leitung behandelt werden. Es kommt vor, daß manche sich und die guten Manieren vergessen. Dann werde ich ruhig und versuche, bestimmend einzulenken. Meist führt dies das Gespräch wieder in normale Bahnen.

Auch heute gibt es immer noch Kleinigkeiten, an die ich mich kaum gewöhnen kann, die manchmal sogar mein Ärgerbarometer auf Sturm klettern lassen. Vor allem dann, wenn ich in Zeitnot bin. Bestes Beispiel: Vor unserem Büro liegt ein großer Teppich. Auf Wunsch von Dr. Petermann wird dieser mehrmals täglich gesaugt. Er ist von dunkler Farbe, und somit läßt sich jeder Fussel schon von Ferne erkennen, wie jede Hausfrau weiß. Vergaß ich, die Putzfrau an diese stupide Reinigungsaktion zu erinnern, so mußte ich selbst ans Werk. Des öfteren mußte ich daher in meinem klassisch blaugrau-dezenten Outfit den Staubsauger schwingen. Für unsere Mitarbeiter war das schon bald kein ungewohnter Anblick mehr, bei unangemeldetem Besuch dagegen bedurfte es einer geschäftigen Schnelligkeit, den Staubsauger in Windeseile im Schrank verschwinden zu lassen. Diese Phasen sind heute vorbei. Ich habe dafür gesorgt, daß die Putzfrau ihre Arbeit nie mehr vergißt. Dies entläßt mich aber nicht aus der Pflicht, Dr. Petermanns Büro zwischendurch aufzuräumen. Sobald Gäste da sind, marschiere ich mit Kaffee und Plätzchen auf und übernehme die Rolle der Gastgeberin. Sollte ich es zeitlich mal nicht schaffen, die Gäste zu bewirten, so kann ich mich auf unsere Kantine verlassen.

Mein Berufsleben hat noch eine andere Seite – das Reisen. Manchmal begleite ich Dr. Petermann zu Aufsichtsratssitzungen, um zu protokollieren. Solche Sitzungen sind sehr anstrengend, ich muß konzentriert bei der Sache sein und alles mitstenografieren. Eine Reise mit dem Chef ist wahrlich kein Freizeitvergnügen, wie dies gelegentlich in Filmen dargestellt wird. Weder aufgekratzt noch neu eingekleidet, sondern recht erschöpft komme ich von diesen Extratouren zurück. Dazu kommt noch, daß sich während unserer Abwesenheit, die ich auch noch vorher exakt planen muß, viele Dinge ansammeln. Meist wird das nachfolgende Wochenende dann zu Arbeitstagen umfunktioniert, damit ich wenigstens eine Chance bei der Aufholjagd habe, die liegengebliebenen Dinge aufzuarbeiten.

Dr. Petermann habe ich in diesen Besprechungen als sehr intelligenten und disziplinierten Mensch kennen- und schätzengelernt. Er weiß, wovon er redet, und dies bringt ihm die Akzeptanz. Einfach ist er jedoch nicht, zumal er die Angewohnheit hat, gerne und lange in unangenehmen Themen rumzustochern. Seine Autorität ist jedem bewußt. Er ist der Chef, das weiß er, und das zeigt er.

Besonders aufschlußreich war eine gemeinsame Reise zu unserem französischen Hauptaktionär. Dort hatte ich Gelegenheit, mein französisches Pendant kennenzulernen. Am Telefon vermittelte sie mir immer den Eindruck, ihr Einfluß sei grenzüberschreitend, und ich ertappte mich dabei, eine strammere Haltung bei unseren Gesprächen einzunehmen. Haardutt, dunkle Brille, strenger Gesichtsausdruck, klassisch mausgraues Kostüm – so stellte ich sie mir vor. Und wie kam sie mir in Paris entgegen? Locker, ungezwungen, elegant und gar nicht altbacken. Wie man sich täuschen kann! Sie zeigte mir den Betrieb, und wir besprachen einige wichtige Dinge für eine große Modeausstellung, so als ob wir uns schon länger kennen würden. Heute haben wir ein freundschaftliches Verhältnis zueinander, und die Arbeit mit ihr macht Spaß.

Ein Großteil meiner Arbeit wird geprägt vom Umgang mit anderen Menschen. Dadurch wird der Büroalltag aufgelockert, und es kommt Leben in das Einerlei. Menschen aus den unterschiedlichsten Berufssparten und Lebenskategorien lerne ich kennen. Bei Politikern, Models und anderen angesehenen Persönlichkeiten sind unsere Produkte beliebt. Das kommt den Umsatzzahlen sehr zugute, denn besser als mit einer elitären Kundschaft als lebende Kleiderständer kann man nicht werben. Um dieser Klientel auch ihre Wichtigkeit zu vermitteln, haben wir deswegen einen ,,VIP-Shop" eingerichtet. Man muß schon wirklich VIP sein, sonst bekommt man dort noch nicht einmal eine Tasse Kaffee. Und wenn, dann auch nur mit Genehmigung des Vorstands.

Meine jetzige Position ist meine Lebensstellung, die ich sowohl durch Ehrgeiz als auch Penetranz errungen habe. Eine Beschreibung meiner Person, so wie man es in Zeugnissen liest, könnte lauten: Sie ist ein Teil des Unternehmens,

Sylvia St., 36 Jahre

sie wird von ihrem Vorgesetzten sehr geschätzt und von Kolleginnen und Kollegen geachtet. Sie leistet in hohem Maße perfekte und sorgfältige Arbeit. Und da liest man nichts zwischen den Zeilen, oder?

Ich habe gelernt, meine eigenen Fehler zu überdenken und sie mit Distanz zu analysieren. Sicher, ich mußte mich auch anpassen, doch meine Persönlichkeit habe ich behalten. Ich identifiziere mich mit meiner Arbeit und bin stolz darauf. Einen Wermutstropfen gibt es allerdings doch: Ich habe wenig Zeit für mich selbst. Mein Mann weiß bereits seit langem, daß er nicht die „Nummer 1" ist. Freundinnen und Bekannte trauen sich schon gar nicht mehr, zum Telefonhörer zu greifen und mich einzuladen.

Hobbys? Ein Wort, das ich genauso lange nicht mehr gehört habe, wie ich diesen auch nicht mehr nachgegangen bin. Aus Zeitmangel muß ich auf Freizeitbeschäftigungen verzichten, denn freie Zeit habe ich so gut wie keine. Es hilft mir, wenn ich meinen Beruf zu meinem Hobby mache. Eine andere Betrachtungsweise lasse ich gar nicht erst aufkommen. Ich erhalte mir dadurch meine positive Lebenseinstellung.

Gabriele J., 35 Jahre

Rund ums liebe Geld

An einem grauen Novembertag war es endlich soweit: Die Rhein-Main-Metropole und das lang ersehnte Vorstellungsgespräch lagen vor mir. Soeben einer düsteren Ehe mit einem norddeutschen Landwirt entronnen, war ich, die graue Maus vom Lande, auf der Suche nach dem Job fürs Leben. Mit dem Mann fürs Leben hatte es mit meinen 23 Jahren noch nicht so recht geklappt. Gerade deswegen war ich felsenfest entschlossen, meinen bevorstehenden Auftritt als Fremdsprachensekretärin mit Bravour zu meistern. Nach den vielen Absagen und entmutigenden Zuschriften mußte es diesmal glücken.

Frankfurt – in diesem undurchsichtigen Dschungel aus Hochhäusern, Banken, geschäftigem Treiben und unübersichtlichen Straßen, die den Entschluß, ein öffentliches Verkehrsmittel zu benutzen, leicht machen, sollte nun ein ganz neuer Lebensabschnitt beginnen. Die Aussicht auf das große Geld wurde schnell durch das stockende Vorstellungsgespräch, dazu noch in spanischer Sprache, auf ein Überlebensmaß heruntergehandelt. Die ersten Tage in der kubanischen Firma wurden mit der Erkenntnis – es ist nicht alles Gold, was glänzt – verarbeitet.

Schwer ist aller Anfang, aber auch noch einschläfernd? Um 5 Uhr 30 unsanft durch schrilles Rasseln geweckt, im Sauseschritt ins Bad, im Stehen eine Tasse Kaffee, und ab zum Bahnhof. Zugabfahrt nach Frankfurt 6 Uhr 30 mit Anschluß an den Frankfurter Verkehrsbetrieb, der mich nochmals eine halbe Stunde durch Frankfurt schaukelte. Ankunft und Dienstbeginn bei meinem kubanischen Arbeitgeber um 8 Uhr. Den Gedanken an die Prozedur in umgekehrter Richtung schüttelte ich jäh ab, erst einmal lagen acht Stunden Arbeit vor mir. Die kaum überwindbare Müdigkeit machte mir die Umstellung vom Land auf die Großstadt nicht gerade leichter.

Bekanntschaften hatte ich in der kurzen Zeit noch nicht schließen können, und persönliche Kontakte zu den Compañeros gab es kaum. Fidel Castros Atem war deutlich bis nach Frankfurt spürbar. Havanna war über das laufende Geschäft in der Frankfurter Filiale stets informiert, der gesamte Telexverkehr lief über eine Standleitung Moskau via Kuba. Eines begriff ich schnell: Mit dem Kommunismus, bekanntlich eine politische Richtung, in der alle sozialen Gegensätze aufgehoben sind, zu leben und danach zu handeln, sind zwei paar verschiedene Schuhe. ,,Todos somos iguales – mas o menos", ein Sprichwort, das mir dazu unweigerlich in den Sinn kam. Leibhaftig verkörpert wurde dieser Ausspruch von Enrico, der als ,,Misionario" (befristet eingesetzter kubanischer Mitarbeiter in Europa und Übersee) in Frankfurt weilte. An seinem Arm blinkte unübersehbar eine Rolex-Uhr, der Duft von Cartier umhüllte ihn, und sein Anzug trug eindeutig die Handschrift eines italienischen Modezaren. Mit persönlichem Verzicht zugunsten des Gemeinwohls des kubanischen Volkes hatte das wohl weniger zu tun, eher mit gutem Geschmack für Markenartikel der ausbeutenden westlichen Welt.

Mein bescheidenes Monatsgehalt von 1 800 Mark ließ solche modischen Accessoires nicht zu, und daher bewarb ich mich nach einem halben Jahr auf eine besser dotierte Stelle. Von Kuba nach Südkorea, von ,,West" nach ,,Far East" verlief die Route meines Werdegangs. Recht positiv war mein erster Kontakt in der deutschen Niederlassung des asiatischen Multikonzerns. Ebenso das zweite Gespräch, wobei ich jedoch Schwierigkeiten hatte, die Personen zu unterscheiden. Ich hätte schwören können, mit jenem Herrn bereits in der letzten Woche gesprochen zu haben. Chinese, Koreaner, Japaner – welcher Nationalität auch immer, für mich sahen sie alle gleich aus. Heute habe ich keine Probleme mehr, Menschen dieses Kulturkreises auseinanderzuhalten. Dabei hat mir der Job als Sachbearbeiterin in der ,,Exportabteilung Korea" sehr geholfen. Neben wichtigen Erfahrungen im Export- und Tenderbereich konnte ich auch Einblicke in die asiatische Lebenseinstellung gewinnen.

Dabei hat mir jedoch nicht immer alles gefallen, was ich zu sehen und zu hören bekam. So zum Beispiel die gemeinsamen Mittagessen, die ausschließlich in koreanisch/chinesischen Restaurants eingenommen wurden. Alle Eßmanieren und Benimmregeln à la Knigge waren schlichtweg verpönt. Der Tischnachbar roch bis aus dem letzten Knopfloch nach Knoblauch, schmatzte, schlürfte und redete mit vollem Mund auf mich ein. Man fühlte sich so mittendrin in der Begegnung der ,,dritten Art".

Korea war überall, denn ihre Gepflogenheiten setzten die Koreaner auch in Deutschland fort. Der vielgerühmte Arbeitseinsatz wurde von ausgedehnten Mittagsschläfchen unterbrochen. Ort des Geschehens: zusammengestellte Stühle im Besprechungszimmer, das einzig vorhandene Sofa war schon belegt – vom Präsidenten. Mit der Zeit lernte ich, mit den Bräuchen der Koreaner zu leben und ein gewisses Maß an Verständnis dafür aufzubringen, um gelegentliche Annäherungsversuche zu ignorieren oder abzuwehren.

Wirklich große Geschäfte fanden nur unter Koreanern statt. Ihr Vertrauen zu uns Europäern war nicht sonderlich groß, und ein „big nose" mußte nun wirklich nicht in alle Firmendetails eingeweiht werden. Der Einwand des deutschen Abteilungsleiters, er müsse doch informiert sein, wurde mit „Sprechen Sie denn Koreanisch?" unmißverständlich niedergeschmettert.

Eine ganz andere Beziehung als wir Deutschen haben die Koreaner zum Rotlichtmilieu. „Knöllchen", eingefangen mit den Firmenwagen in Frankfurts Kaiserstraße und anliegenden Etablissements, erreichten uns gleich dutzendweise. Ohne im geringsten mit der Wimper zu zucken oder Fragen zu stellen, wurden diese bezahlt. Kein Koreaner kreidete dem anderen an, seine Mittagspause spontan in der Peep-Show verbracht zu haben. Entgegen sonstiger Gepflogenheiten legten sie jedoch größten Wert auf deutsche Qualitätsarbeit. Kein Firmenwagen hatte seinen Ursprung außerhalb der deutschen Staatsgrenze. Übrigens: Auch die Haarfarbe meiner deutschen Kolleginnen war einheitlich, nämlich blond. Ebenso deutsche Wertarbeit?

Das tägliche Pendeln zwischen Wohnung und Arbeitsstätte zehrte an meinen Kräften und ließ mir immer weniger Zeit für Kind, Partner und Haushalt. Nach gut einem Jahr bewarb ich mich daher wieder in der Provinz und erhielt eine Anstellung als Femdsprachensekretärin bei der Tochtergesellschaft eines deutschen Großkonzerns. Gewöhnt an die koreanische Arbeits- und Denkweise wurde meine anfängliche Euphorie, wieder in heimatlichen Gefilden zu sein, stark gedämpft. Mit dem bis dato nicht gekannten deutschen Bürokratismus und einer Reihe von ungeschriebenen Gesetzen hatte ich schwer zu kämpfen. Doch nur zehn Minuten Fahrzeit bis zum Büro wogen diesen Nachteil wieder auf.

Nicht immer stimmten Theorie und Praxis miteinander überein. Diese Erfahrung bekam ich hautnah zu spüren. Was im Vorstellungsgespräch positiv dargestellt wurde, erwies sich bei meinem Dienstantritt als Fehlinterpretation meinerseits. Weder ein adrettes Büro wurde mir zugewiesen noch ein freundliches „Hallo!" begrüßte mich, ab ging es mit zwei anderen Sekretärinnen in einen Schreibpool, eine Art Quarantänestation, die man so schnell nicht wieder verlassen konnte. Pool ist bekanntermaßen weder die Kurzform von „Swimmingpool" noch „Poolbillard", sondern ein Großraumbüro, indem ausschließlich geschrieben wird. Acht Stunden auf die Tasten hämmern, wer freute sich denn da noch auf den nächsten Arbeitstag? Einzig und allein Schreiben war gefragt, Impulse in den Gehirnwindungen waren ruhig zu stellen, Denken war höchstens bei Komma- und Schreibregeln gefragt. Aber auch dabei traten die verschiedensten Interpretationen auf, und so handelte man am besten getreu dem Motto: ,,Der Chef hat immer recht." Saß man an seinem Schreibtisch und ließ den Blick über all die anderen Leidensgenossinnen schweifen, die mit lustlosem, abwesenden Blick ihr Tasteninstrument bearbeiteten, konnte ich mir die Entstehung des Wortes ,,Tippse" erklären.

Nach ungefähr einem Jahr begann die Auflösung des Pools, und wir wurden Bereichsleitern unterstellt. Viele dieser Herren waren längere Zeit im Ausland tätig gewesen, wo anscheinend merkwürdige Umgangsformen üblich waren. Ein langgezogener Pfiff, ja, wo war sie denn? Ein Pfiff stand für ,,zum Diktat kommen", ,,ich hätte gerne einen Kaffee", ,,Türe schließen" und vieles mehr. Diese Art der Kommunikation hielten sie wahrscheinlich für die neue internationale Verständigungsmethode, die ich nicht gewillt war zu erlernen.

Als die Position der Sekretärin des Marketingleiters frei wurde, hatte ich nichts Eiligeres zu tun, als eine Bewerbung aufzusetzen. Eine Terz schneller als sonst schlug mein Herz, als ich die Stelle erhielt. Schon etwas vorgewarnt in Sachen Theorie und Praxis ging ich an die neue Aufgabe. Zunächst verschaffte ich mir einen Überblick über das komplexe Gebiet der Pharmazie. Abends fiel ich erschlagen von all den lateinischen Ausdrücken für Medikamente und Krankheiten in mein Bett. Ascorbinsäure hörte sich für mich eher nach einem ätzenden Ameisenvernichtungsmittel als nach Vitamin C an. Der Psychrembel und andere Lexika mußten her, damit ich mich in der Vielzahl der Krankheiten und Arzneimittel zurechtfinden konnte. Beim Studium der Fachliteratur entdeckte ich einige der Wehwehchen, die mir aus Erfahrungen am eigenen Leibe irgendwie bekannt vorkamen. Die Bilder und Erklärungen bestärkten mich in meinen schlimmsten Befürchtungen von den verschiedensten ,,Leiden" befallen zu sein. So mußte es einem Hypochonder ergehen! Zum Glück überlebte ich all diese ,,Krankheiten", ohne Schaden zu nehmen. Die Schlußfolgerung meines Selbststudiums war, daß ich als Autodidakt nicht sonderlich geeignet war.

Auch meine Kolleginnen hatten ihre Problemchen mit den medizinisch-pharmazeutischen Texten und den Fachausdrücken, was bei Telefonaten zu erheblichen Verständigungsschwierigkeiten führte. So schlossen wir uns zu einer IGS (= Interessengemeinschaft der Sekretärinnen) zusammen und nahmen unsere Weiterbildung auf dem Gebiet der Pharmazie selbst in die Hand. Von unseren Argumenten erschlagen und überzeugt, schulten uns die Product Manager in den einzelnen Gebieten. Nach Dienstschluß selbstverständlich! Wir erhielten ein Pharmareferententraining im Schnellverfahren. Um auch meine Fremdsprachen im medizinischen und wirtschaftlichen Bereich verstärkt zu trimmen, besuchte ich interne Französisch- und Englischkurse.

Mein Chef, Dr. Schmittmann, war ein introvertierter, zurückgezogen agierender Chemiker – so gar nicht der Typ Mensch, den man sich als Marketing- und Vertriebsleiter vorstellen konnte. Die Mittlerrolle zwischen ihm und seinen Mitarbeitern, zumindest was die Kommunikation anging, kam daher mir zu. Die Monate vergingen mit allerlei Routinearbeiten, wie zum Beispiel Abrechnen der Reisekosten, bei denen immer versucht wurde, noch die letzte Mark herauszuholen. Gerade in höheren Managerkreisen greift die Kleinkrämerei um sich, großzügig ist man nur mit anderer Leute Geld. Veranstaltungen und Produktschulungen mußten organisiert werden. Wer diese Aufgaben kennt, weiß wieviel Arbeit darin steckt, bis es endlich losgehen kann. Besuchsberichte und Reiseprotokolle mußten geschrieben werden. Was das Schreiben anging, war ich ja im Training, hatte ich doch über ein Jahr im „Pool" geübt.

Abwechselnd waren meine Kolleginnen und ich zuständig für das Management Meeting. Dies hieß in diesem Fall: die Einladungen verfassen, die Tische adrett dekorieren und eindecken, hier ein Blümchen, dort ein Aschenbecher, hier die Milchkanne, dort die Zuckerdose und natürlich Kaffee kochen. Zwischendrein immer wieder mal kopieren, Berge von Arbeitsblättern, Graphiken, Ausstellungen, Infomaterialien. Wie ich es haßte, dieses Kopieren. Man stand vor dem summenden Gerät, legte ein Blatt rein, holte es raus, legte das nächste rein. Da war es sogar schon eine Abwechslung, wenn man beidseitig kopieren konnte. Protokollführung bei Sitzungen, mindestens hundert Telefonanrufe am Tag, Gratulationsschreiben verfassen, nicht zu vergessen: Post öffnen und sortieren. Dies und noch vieles mehr füllte meine Tage rundum aus. Zeit zum Ausruhen gab es nicht.

Genau wie jeder von uns sich neuen Herausforderungen stellt und Bereitschaft signalisieren muß, etwas Neues hinzuzulernen, so sind diese Qualitäten auch für den Fortbestand eines Unternehmens von Bedeutung. Das Management unseres Unternehmens erkannte dies scheinbar zu spät. Der Konkurrenzdruck wuchs, fest eingeplante Marktanteile gingen verloren, und der Umsatz bewegte sich drastisch talwärts. Dieses Übel wollte der Vorstand mit Hilfe einer Unternehmensberatung an der Wurzel packen. Eine Besprechung nach der anderen fand mit der Consulting Firma statt, für andere Termine war gar keine Zeit mehr. Dr. Schmittmann geriet mehr und mehr in diese Tretmühle und wurde von allen Seiten unter Druck gesetzt. Letztendlich entzog er sich diesem Dilemma durch Krankheit. Krankheit als Ausweg?

Die Zeit seiner Abwesenheit war für mich sehr schlimm. Seine Mitarbeiter wandten sich gegen ihn. Sie sprachen sogar ganz offen in meinem Beisein über ihre Unzufriedenheit mit ihrem Vorgesetzten. Ich erfuhr von anderer Seite, daß geheime Treffen der Product Manager arrangiert wurden, in denen man eifrigst Beschuldigungen gegen ihn auflistete. Als seine engere Mitarbeiterin fühlte ich mich verpflichtet, ihn über diese Machenschaften zu informieren. Ich riet ihm, doch wenigstens einmal in der Woche im Büro vorbeizusehen. Denn nur so hatte er die Möglichkeit, gegen diese Vorwürfe Stellung zu beziehen. Wer der Drahtzieher dieser Verleumdungskampagne gegen Dr. Schmittmann war, konnte ich mir denken: Dr. Müller-Lüdenscheidt.

Ganz sicher war auch eine gehörige Portion Neid der auslösende Faktor für Dr. Müller-Lüdenscheidts Tun, denn ursprünglich war er für Dr. Schmittmanns Position vorgesehen gewesen. Peinlich war die Situation, offiziell wurde er damals als Marketing- und Vertriebsleiter vorgestellt, bekam dann aber Dr. Schmittmann quasi vor die Nase gesetzt. Auf diese Art und Weise doch noch an seinen vermeintlichen Posten zu kommen, war eine Methode, Karriere zu machen, die mir – weiß Gott – nicht gefiel!

Nach den Bestandsaufnahmen und Analysen des Beratungsunternehmens stand es gar nicht gut für Dr. Schmittmann. Es wurde Zeit, daß er nun endlich den Ring betrat und für seine Arbeit und seine Stelle kämpfte. Innerlich, so vermutete ich bereits, hatte sich Dr. Schmittmann längst für den einfachsten Weg, das Aufgeben, entschieden. Er zog sich noch mehr von der Außenwelt zurück, zumal auch der letzte Mitarbeiter in der Gruppe gegen ihn arbeitete. In Horden tauchten seine Mitarbeiter in meinem Büro auf, alle wollten Termine. Dem Ansturm war ich nicht mehr gewachsen. Ich war nicht in der Lage, alle wieder ohne ein Gespräch wegzuschicken. Manchmal hörte ich die Stimmen in seinem Büro orkanartig anschwellen, die Anschuldigungen drangen durch die Tür bis zu meinem Schreibtisch vor. In zunehmendem Maße telefonierte er mit dem zuständigen Vorstandsmitglied. Es herrschte eine unerträgliche Stimmung, ich wußte kaum noch, wie ich ihm begegnen sollte, wie ich ihm helfen konnte. Er dagegen wirkte äußerlich gelassen, obwohl ich ahnte, welche Spannungszustände sich in ihm aufgebaut haben mußten. Noch heute frage ich mich, wie Dr. Schmittmann mit diesem einschneidenden

Erlebnis fertiggeworden ist, wie er diesen Einbruch in seiner Karriere überwunden hat. Gesprochen hat er darüber nie mit mir – vielleicht war er dazu auch gar nicht fähig.

Etwa ein halbes Jahr später verließ ich aus privaten Gründen die Stadt und somit auch das Unternehmen. Sogar eine Abschiedsrede wurde gehalten, worin für mich das Synonym ,,Inventar" verwendet wurde. Das wollte ich wirklich nicht hören, erst recht nicht nach gerade mal fünf Jahren Betriebszugehörigkeit.

Der nächste Job in einem Finanzdienstleistungsunternehmen folgte, diesmal wieder in Frankfurt: bekannter Name, solvente Firma – und eine neue Gehaltsdimension. Vor Jahren hatte ich in dieser Stadt mein erstes Vorstellungsgespräch. Vieles hatte sich in der Zwischenzeit ereignet, und ich war selbstsicherer, aber auch anspruchsvoller geworden. Nun war ich die Sekretärin des Gründers und geschäftsführenden Gesellschafters der Firma – ein sicherlich immenser Karrieresprung. Herr Rhiesenbaum, so hieß mein neuer Chef, war das krasse Gegenteil zu meinem bisherigen Vorgesetzten. Kommunikativ, amüsant, ein perfekt gekleideter Banker mit einer lupenreinen Karriere, mit einem Wort: ein Macher.

Und ein völlig neues Arbeitsgebiet erwartete mich. Nicht die geringste Vorstellung hatte ich von dem, was man alles mit Geld, egal in welcher Form, machen konnte, außer Ausgeben natürlich. Es wurden ,,Produkte" veräußert, die für mich nicht greifbar waren. Vollkommen fremdländisch erschien mir auch die Tatsache, mein persönliches Vermögen in die Hände von Experten zu legen. Es gab anscheinend genügend Personen, die soviel Geld besaßen, daß ihnen eventuelle Verlustgeschäfte weder eine schlaflose Nacht bereiteten noch die Butter vom Brot nahmen. Man betrachtete dieses Vabanque-Geschäft am besten mit den Augen der Kinder, die begeistert von der Vielfalt eines Supermarktes ihren Einkaufskorb voll Süßigkeiten packen. Das Spiel der großen Kinder drehte sich um Dollar, Yen, Aktien, Renten und Kaffee. Ist der Preis im Keller oder steigt er?

Zu unseren Kunden gehörten Institutionen, aber auch Privatkunden mit dikkem Geldbeutel. Punkt 9 Uhr, mit Öffnung der nationalen und internationalen Börsen, begann tagtäglich das große Spiel. Einer der leitenden Angestellten, Herr Schneider, gefiel sich in der Rolle des absoluten Marktkenners. Doch auch er hatte Gegenspieler, was mir ja nun wirklich nichts Neues war. Spekulierte er, daß der Dollarkurs anstieg, setzten Mitarbeiter mit ihrem

Gabriele J., 35 Jahre

Privatgeld dagegen und gingen aus diesem Rennen meist als Sieger hervor. Jeder hatte seinen Spaß, und jeder wußte von dem Deal, bis auf Herrn Schneider. Als er zum Direktor befördert wurde, empfahl ich ihm zynisch, sich ein Schild mit der Aufschrift „Ich bin Direktor" umzuhängen. Diese Art von Humor lag allerdings gar nicht auf seiner Wellenlänge.

Das Arbeitsklima war gut, einmal abgesehen von Herrn Schneider und seinen Aktivitäten, und ich fand schnell Kontakt zu den Kollegen. Unsere Unternehmensgruppe bot damals einen einzigartigen Finanzdienstleistungs-Service an. Dies ermutigte das Management, sich in immer neue Geschäftsbereiche vorzuwagen. Hochkarätige Vorstände oder Geschäftsführer aus anderen Branchen warben sie ab durch Beteiligungen und noch mehr Gehalt, als die ohnehin schon hohe Entlohnung. Gerade mein Chef war für diese Aufgabe wie geschaffen, als begnadeter Redner überzeugte er jeden Wettbewerber oder qualifizierte Manager aus anderen Sparten. Auch ich war von diesem Talent, als ich ihn kennenlernte, hin und weg, zumal er eine gesunde Einstellung gegenüber dem Job und der Person der Sekretärin besaß.

Nachdem ich mich gründlich eingearbeitet hatte, machte Herr Rhiesenbaum mir das Angebot, die Personalbearbeitung des Frankfurter Büros mit zu übernehmen. Stolz, nach so kurzer Zeit so viel Vertrauen entgegengebracht zu bekommen, stürzte ich mich frohen Mutes auf mein frisch erworbenes Amt. Unverhofft eröffnete mir diese Sachbearbeitung einen Gesamtüberblick über die Gehaltsstruktur der gesamten Unternehmensgruppe. Bei meinen ersten Recherchen blieb mir fast die Luft weg, was für Gehälter auf die Angestelltenkonten flossen. Gigantische Zahlen sprangen mir schwarz auf weiß entgegen. Ganz automatisch, mit den $-Zeichen vor Augen, stellte ich mir vor, was ich damit alles anfangen könnte. Einmal nicht mehr nachdenken beim Shopping: „Kannst du dir das wirklich leisten, wie lange mußt du dafür arbeiten?"

Aufgrund der immensen Summen versuchte ich auszurechnen, wieviel Gewinn die Firma machen müßte, um diese Beträge mühelos ausbezahlen zu können. Zunächst ging ich mit einer ganz naiven Betrachtungsweise an die Sache heran, entdeckte aber bald aufgrund der Lebensläufe fast aller Geschäftsführer, daß schon vorher untereinander Beziehungen bestanden hatten. Fast alle waren vorher in der gleichen Bank beschäftigt gewesen. Es war damals sogar zu einem Prozeß gekommen, in dem einige unserer führenden Leute des unlauteren Abwerbens beschuldigt wurden.

Ein Tag in der Personalabteilung, und man sieht die Firma mit anderen Augen. Kein Wunder, daß dieser Bereich nur vertrauenswürdigen Personen übertragen wird. Einige Leute aus dem genannten Personenkreis stellten im Betrieb ihre eigenen Regeln auf, nach denen sie ausgezeichnet lebten. Viele dieser „Absahner" nahmen bereitwillig alle Bequemlichkeiten an, ohne große Gegenleistungen zu erbringen. Kamen sie gegen 10 Uhr ins Büro, war dies bereits eine morgendliche Höchstleistung, 11 Uhr war eigentlich eher ihre Zeit. Sie beschäftigten sich ausführlich mit dem Studium der unterschiedlichsten Zeitungen und tranken dabei ihren Kaffee, den sie gern zum Anlaß nahmen, kräftig an ihren Sekretärinnen herumzunörgeln und sie verantwortlich für den bitteren Geschmack zu machen. Im Gegenzug dafür hielten die überaus zuvorkommenden Sekretärinnen ihnen lästige Anrufer vom Hals und erfanden mit unglaublicher Routine die trickreichsten Entschuldigungen. Die Arbeit an der Basis aber leisteten die Portfolio-Manager. Bei Lob und Anerkennung für ihre Verdienste wurden sie selbst jedoch übersprungen, diese landeten stets bei ihren kaffeetrinkenden Vorgesetzten. Aus guten Quellen über diese Vorfälle unterrichtet, habe ich des öfteren Herrn Rhiesenbaum gegenüber Verdachtsmomente geäußert und ihm vorsichtige Andeutungen gemacht. Alles sehr dezent, selbstverständlich. Den Versuch war es wert, ob er je gefruchtet hat, weiß ich nicht.

Vor mir war die Office Managerin mit der Personalverwaltung betraut gewesen, und wir hatten einen engen Arbeitskontakt miteinander. Dies änderte sich jedoch, als ich ihr Arbeitsgebiet übernahm. Verständlich, daß sie auf mich, die weitaus jüngere Kollegin, neidisch reagierte und sich in ihren Gefühlen verletzt fühlte. Auch sie gehörte jenem Kreis an, der sich schon von jeher kannte. Mit Schrecken bemerkte ich recht schnell, daß sie dem Alkohol sehr zusprach, dies in hohem Maße auch im Betrieb. Gegen Abend war sie meist kaum noch in der Lage, normal geradeaus zu gehen. Sie arbeitete fehlerhaft und hatte am nächsten Tag so ihre liebe Not, alles wieder ins rechte Lot zu bringen. Dieses Verhalten konnte eigentlich keinem entgehen, und es schien mir, als ob es alle wußten, auch mein Chef. Jeder tolerierte es, keiner rührte aber auch nur einen Finger, um ihr zu helfen. Anscheinend genügte es, wenn sie einfach nur da war und so lala arbeitete. Ganz allmählich regte sich in mir der Verdacht, daß im Keller der Firma einige Leichen versteckt waren. Und meine Kollegin kannte diese Leichen!

Von ihr erfuhr ich nämlich auch, daß der Partner aus den USA grundsätzlich nur mit der Concorde flog und im besten Hotel am Platze residierte. Geld hatte die Firma wohl im Überfluß. Ein Chalet hier, ein Nobelhaus da, und der Hauptsitz der Holding lag idealerweise in einem phantastisch gelegenen

Steuerparadies, anscheinend nicht nur Anziehungspunkt für deutsche Sportler und andere Großverdiener. Welch besseren Rahmen hätte man den Teilnehmern an den großen Meetings und Jahrestreffen sonst noch bieten können?

Mein Chef jagte ständig durch die Finanzmetropolen dieser Welt. Ein gern gesehener Gast bei internationalen Treffen, auch politischer Art, und als Vortragsredner eine begehrte Persönlichkeit. Unser Hauptgeschäft spielte sich in den USA ab, und so kam die eigentliche Arbeit erst am Nachmittag so richtig in Schwung. Stundenlang telefonierte Herr Rhiesenbaum mit Amerika, wo er jede Bank und jedes Finanzhaus zu kennen schien. Es handelte sich dabei stets um wichtige Kontakte und um Leute, die sich für eben dies hielten. Darunter waren auch sehr lästige und aufdringliche Zeitgenossen. Mit „gnädige Frau" begrüßt zu werden, ließ alle meine Sturmglocken blitzartig Alarm läuten. Erstaunlich, wie viele Menschen immer noch glauben, die simpelsten „Schmeicheleien" als Sesam-öffne-dich zu den Vorstandsbüros einsetzen zu können. Für dusselig darf man uns nun wirklich nicht halten!

Großkunden akquirierte Herr Rhiesenbaum persönlich. Dabei kam auch mir eine wichtige Aufgabe zu. Ich hatte den telefonischen Kontakt herzustellen, wahrlich nicht immer leicht, schon gar nicht, wenn es sich um einen institutionellen Kunden handelte, dem unser Firmenname unbekannt war. Hier war viel Fingerspitzengefühl meinerseits gefragt. Nicht immer stand mir die Durchwahl des Sekretariats zur Verfügung, mit der man der Cheftüre zumindest ein Stück näher rückte. Wurde man über die Zentrale vermittelt, war das Gespräch schon von Beginn an sehr distanziert und zurückhaltend. Irgendwann kam man ja nicht umhin, auch die Finanzdienstleistung mit ins Spiel zu bringen, und spätestens dann wurde es heikel. „Schon wieder einer, der was verkaufen will!", durchfuhr es den Telefonpartner, was ein erfahrener Telefonist jedoch durch ein verhaltenes Luftziehen zwischen den Zähnen mitbekam. Auf alte Kontakte konnte man sich nicht berufen, also schnell etwas einfallen lassen, um eine angenehme Gesprächsatmosphäre zu schaffen. Das Besondere unserer Finanzdienstleistungen mußte man so geschickt verpacken und an die Frau bringen, daß die Chance für eine Vermittlung „mein Chef – ihr Chef" immer gewahrt blieb. Sich gut darstellen können, war eine wesentliche Grundvoraussetzung, um nicht ganz kläglich zu scheitern. Vorbereitet in das Gespräch gehen, die entsetzlich unangenehme Frage: „Worum handelt es sich denn eigentlich?", darauf mußte ich mich einschießen, die kam nämlich oft. Am besten, man legte sich zahlreiche verschiedene Varianten zurecht, eine zog meist. Geriet ich jedoch an eine der Kolleginnen, die wie eine gut ausgebildete Dogge ihren Herrn bewachte, hätte ich Kapriolen schlagen können – ohne Erfolg!

Aber mit dem, was ich für Herrn Rhiesenbaum erreicht hatte, konnte ich – und sicher auch er – zufrieden sein. Mit unserem, sprich: seinem anhaltenden Erfolg, wurde Herr Rhiesenbaum eine Spur zu arrogant und zynisch. Und so war es selbstverständlich, daß er nicht nur Freunde hatte. Weder die großen Banken noch die Journalisten, Kritiker und unabhängigen Beobachter waren auf seiner Seite. Gerade die Presse hat die Macht, jemanden hochzujubeln, aber auch niederzumachen. Herrn Rhiesenbaums Waffe war es, sich provokant aus der Affäre zu ziehen und sich dabei noch einen Spaß zu erlauben.

Im Büro gab sein Verhalten mir gegenüber jedoch nie Anlaß zur Klage. Er war freundlich und guter Laune. Und wenn mal nicht, dann betrat er mit den Worten: „Heute fühle ich mich nicht gut", das Vorzimmer, und ich wußte gleich Bescheid. Jeden Morgen besprachen wir den Tagesablauf, mit wem telefoniert werden mußte, wer ihn sprechen wollte, was zu erledigen, was zu schreiben war. Er machte nicht viel Trara um alles, merkte nur kurz an: „Sie wissen schon, wie. Machen Sie mal!" Selbständigkeit, Kreativität und Gewissenhaftigkeit waren eine Selbstverständlichkeit. Um viele Dinge kümmerte er sich gar nicht mehr, ließ mir völlig freie Hand. Ich genoß dieses eigenständige Arbeiten in vollen Zügen.

Seine menschliche Seite war äußerst angenehm, sein Humor umwerfend. Er kokettierte gern und häufig, und wir lachten viel über andere, aber auch über uns selbst. Immer mal hatte er Zeit für eine Anekdote. Spürte er, daß mich irgendetwas ärgerte, so mußte ich den Launometer-Test machen. All diese Kleinigkeiten brachten Kurzweil in das alltägliche Arbeitspensum. Selten habe ich Verständnis bei meinen Chefs für meine Rolle als Vorstandssekretärin und Mutter gefunden. Herr Rhiesenbaum hingegen brachte ein Großteil davon mit und sprach mir seine Achtung aus, alles unter einen Hut zu bekommen. Obwohl ich mich deswegen weit weniger bewunderte, sondern eigentlich schon von jeher mit meinem schlechten Gewissen meiner Tochter gegenüber durchs Leben lief. Denn hundertprozentig meine Pflichten als Mutter wahrzunehmen, war zeitlich nicht möglich. Wer die Doppelbelastung nicht am eigenen Leibe verspürt hat und auch die gedankliche Auseinandersetzung mit der Problematik nicht kennt, wird eine derartige Situation wohl kaum nachvollziehen können. Dies traf sicher auch für Herrn Rhiesenbaum zu. Aber allein, daß er Verständnis gezeigt hatte, stufte ich als positiv ein. Wieder eine seiner Schokoladenseiten!

Eine weitere Stärke von ihm war das Schreiben. Worüber? Über Geld natürlich, wie konnte es anders sein. Was er schrieb, hatte Hand und Fuß und wies ihn als fachkundigen Autor aus. Steckte er einmal wieder in einer seiner Schreibphasen, waren Überstunden vorprogrammiert. Meine Konzentration mußte ich nicht nur dem Text widmen, sondern auch den Telefonaten, Terminen, denn alles andere nahm seinen gewohnten Gang.

Zu seinen Fähigkeiten zählte auch die Rolle des Gastgebers, wenn nicht er, wer sollte sie sonst so glänzend spielen? Er kannte viele Persönlichkeiten, für die zutraf: ,,bekannt aus Funk und Fernsehen". Er war mittendrin in diesem Kreis und wurde geachtet. Diese aufwendigen Vernissagen, Vortragsabende oder netten Dinnerparties hatten alle denselben Zweck: neue Kunden zu akquirieren. Das Konzept für jede festliche Aktivität erarbeiteten wir gemeinsam, alles andere war meine Sache. Mein Organisationstalent und meine Erfahrungen aus vorangegangenen Jobs kamen mir dabei zugute. Gelang mir die Vorbereitung und Durchführung der Veranstaltung, sonnte sich Herr Rhiesenbaum in diesem Erfolg, gab mir aber davon eine gute Portion ab und lobte meinen Einsatz.

Doch eines Tages war es soweit: Rums, die Bombe platzte. Wir hatten sie nicht einmal ticken gehört. Aus der Presse mußten wir erfahren, daß einem der Partner ein Mißgeschick bei einem sogenannten ,,Management Buy Out" passiert war. Daß uns dies den Hals brechen sollte, wußte damals wohl niemand so recht. Die Presse hatte wieder mal einen Skandal, den sie dann durch Schilderungen in allen möglichen Schattierungen zum Riesenskandal aufblähte. Welches Unternehmen kann schon einen Skandal gebrauchen? Geld ist und bleibt Vertrauenssache, und hier hört bekanntlich auch die Freundschaft auf. Alle Mitarbeiter waren aufgeregt und liefen etwas verwirrt durch das Haus. In einem Gespräch versuchte Herr Rhiesenbaum, die Gemüter zu beruhigen. Ob ihm dies so ganz gelungen war, wagte ich zu bezweifeln, er mühte sich redlich, mit ausweichenden Antworten über die Runden zu kommen. Ich selbst hatte mich nicht getraut, ihn jemals auf diese Vorkommnisse und ihren Wahrheitsgehalt anzusprechen.

Hartnäckiger als ich waren natürlich unsere großen und namhaften Mitaktionäre. Sie wollten eine schriftliche Erklärung oder besser gesagt: Absicherung, denn in so eine Sache konnten und wollten sie nicht mit hineingezogen werden. Diese Zeit war geprägt durch einen starken Imageverlust. Viele unserer Kunden wandten sich von uns ab, einige konnte Herr Rhiesenbaum durch Überredungskünste zum Durchhalten bewegen. Das Telefon war zum

Verständigungsapparat par exellence geworden. Es bimmelte in einem fort, und meine Qualitäten als Sekretärin waren angesprochen, auch in Streßsituationen einen klaren und kühlen Kopf zu behalten – was nicht ganz einfach war. Manche Leute riefen stündlich an, und irgendwann konnte ich keine Ausreden mehr erfinden, warum Herr Rhiesenbaum schon wieder nicht zu sprechen war. Zumal mir dies nach sechs vergeblichen Anrufen auch mein Gegenüber nicht mehr abgenommen und dieses Hinhalten das Mißtrauen unserer Firma gegenüber nur noch mehr geschürt hätte. Das leuchtete nach einem Dutzend Erklärungsversuchen auch Herrn Rhiesenbaum ein. Abends fand ich kaum noch meine Ruhe, zu sehr wühlte mich die Stimmung im Unternehmen auf.

Das Schlimmste schien uns aber noch bevorzustehen. Ein ausländischer Aktionär und in seinem Windschatten ein weiterer stiegen aus, ebenso einige Partner. Sofort flatterten reihenweise deren finanzielle Forderungen ins Haus, denen das Unternehmen nicht nachkommen konnte. Herr Rhiesenbaum bemühte sich nach Leibeskräften, Gelder aufzutun, aber wenn der Ruf erst mal ruiniert ist ... Wie die Aasgeier bevölkerten sie die Firma und versuchten, uns quasi leerzuräumen. Sie handelten nach dem Grundsatz: ,,Nimm mit, was du kriegen kannst!" Wir waren zum Selbstbedienungsladen geworden – hier ein Computer, da eine Datenbank.

Kurze Zeit später wurde ein Aktionärstreffen anberaumt. Eingeladen waren auch die Kleinaktionäre, die sehr wohl in der Lage waren, einvernehmlich das Unternehmen zum Einstürzen zu bringen. Den ganzen Nachmittag bis in die Nacht hinein wurde debattiert, Zeter und Mordio geschrien und zum Schluß fast gebrüllt. Gekrönt wurde das Ganze durch die Ausdrucksweise, die je später der Abend, immer rauher und härter wurde. Zu guter Letzt stellte man fest, daß sich die Geschäftsleitung total verzettelt hatte und setzte Herrn Rhiesenbaum samt seinen Mannen ab und einen Unternehmensberater kommissarisch ein. Ein Tag, der es wert gewesen wäre, aus dem Kalender gänzlich gestrichen zu werden.

Der eingesetzte Berater, von mir auch hämisch ,,Spitzenreiter" tituliert, war eine lebende Giftspritze. Er verletzte die Menschen, wie und wo er nur konnte. Verbal schmetterte er jeden zu Boden und machte sich noch lustig darüber. Und dies in einer Weise, die man nur als ordinär bezeichnen konnte. Er versprühte zudem den Charme eines Haifischs, war eiskalt, und die Machtgier sprang ihm nur so aus den Augen. Angeblich war dieser tolle Typ der beste ,,Troubleshouter" im Finanzbereich. Ein freundlicher Umgangston war ihm völlig fremd, ich war für ihn immer nur das „Mädchen". Telefonierte Herr Rhiesenbaum, und der „Haifisch" rief auf der anderen Leitung an, hatte das „Mädchen" dieses Gespräch stante pede zu unterbrechen. Mir blieb auch gar nichts anderes übrig, war er doch der neue Herr im Haus. Einem Vergleich mit dem machtgierigen Napoleon aus der Geschichte „Animal Farm" hielt er allemal stand.

Gelder mußten beschafft oder Teile des Unternehmens verkauft werden. In dieser Zeit gab es kein vernünftiges Gespräch innerhalb der Geschäftsleitung, immer endeten diese mit Streit und Beschuldigungen. Der Geschäftsführer, der für das Chaos verantwortlich war, verließ bald darauf das sinkende Schiff. Heute thront er schon wieder irgendwo ganz oben. Ein Stehaufmännchen, wie es leibt und lebt!

Nach einer intensiven Suche, nach vielen endlosen Telefonaten schien sich unsere Situation zu bessern: Ein Käufer aus den USA wollte einen Großteil des Unternehmens aufkaufen. Obwohl das Wissen um den Skandal in unserem Haus mit Sicherheit vor der Landesgrenze nicht Halt gemacht hatte, war der Käufer noch immer guten Mutes. Oder aber die variantenreichen Verkaufsstrategien von Herrn Rhiesenbaum hatten ein bereitwilliges Opfer gefunden. Um das Geschäft in Europa ausbauen zu können, brauchten die Amerikaner ein Unternehmen mit entsprechenden Vertriebskanälen wie das unsrige. Da die Vertragsunterzeichnung kurz vor dem Abschluß stand, schwärmte Herr Rhiesenbaum mir die Mär von der Rettung vor und begann bereits, das Vergangene blitzschnell und ganz tief in seinem Innersten zu begraben. Doch das Glück schien ihn vollends verlassen zu haben. Bei der Prüfung der Niederlassung in den USA durch den Interessenten stellte sich heraus, daß sein Partner und Kollege dort wohl keine lupenreine Weste vorzuzeigen hatte – ebensowenig wie die Bücher. Wie es kommen mußte, zog der vermeintliche Käufer sein Angebot zurück. Alles fiel wie ein Kartenhaus zusammen. Aus und vorbei, Bankrott!

Mit meinem so arg gebeutelten und hart bestraften Chef besprach ich meine berufliche Situation. Er bot mir hilfreich seine Unterstützung bei der Stellensuche an, was mir den Weggang noch viel mehr erschwerte. Traurig war ich, als ich das Unternehmen verließ. Ich fand bald wieder eine gute und interessante Position. Meinem neuen Chef, ebenfalls eine bekannte Persönlichkeit, fehlen aber genau die Eigenschaften, die ich an Herrn Rhiesenbaum schätzen gelernt hatte: Charisma, Autorität und die Fähigkeit, Menschen zu motivieren und von ihrer Arbeit zu begeistern.

Rückblickend stelle ich fest, daß ich selbst eine Kämpfernatur bin und gelernt habe, daß nur ich selbst die Dinge verändern kann. Die heutige Ellenbogenmentalität liegt mir nicht, obwohl man es kaum verhindern kann, ganz automatisch ein Teil davon zu werden.

Ich habe viele junge Leute kennengelernt, die schnell auf der Karriereleiter nach oben möchten und dabei vieles und auch andere zerstören. Getreten wird meist das schwächste Glied in der Kette. Werden das die neuen Chefs von morgen sein? Ich will es nicht hoffen, denn um „führen" zu können, bedarf es einer gehörigen Portion Verantwortung. Ein Löffel Ausstrahlung und eine Schöpfkelle Menschlichkeit wären dabei auch nicht zu verachten.

Mein Weg bis dorthin, wo ich jetzt bin, ist gekennzeichnet von Rückschlägen und Neuanfängen. Doch wer unbeirrt und ehrgeizig sein Ziel verfolgt, wird es auch erreichen – mit Ehrlichkeit und harter Arbeit. Es gibt viele Frauen, die, ebenso wie ich, einen Beruf trotz Kind ausüben. Oder sollte ich besser sagen, ein Kind trotz Beruf haben. Sie verstehen, welche Härte zu sich selbst dazugehört, um den Alltag zu meistern. Eine Kombination aus Organisation, Flexibilität und Menschenkenntnis ist die optimale Mischung. Noch ein Spritzer Fröhlichkeit und Humor dazu, das ist das beste Rezept.

Hildegard Sch., 35 Jahre

Auch Lehrerinnen eignen sich fürs Büro

„Eigentlich bin ich Lehrerin, ich arbeite aber als Chefsekretärin." Woher kommt es, daß ich meine Berufsbezeichnung nicht laut und vernehmlich über die Lippen bringe? Und das, nachdem zahlreiche Jahre voll Freude und Spaß im Büro hinter mir und sicher auch noch vor mir liegen. Ich bin rundum zufrieden, habe den „richtigen" Chef und das passende Umfeld gefunden. Sekretärin – ein Job, in dem frau nicht nur Spezialkenntnisse, sondern auch zwei Teile Köpfchen, ein Teil Fingerfertigkeit vorweisen sollte. Man füge drei gehäufte Eßlöffel Kreativität, einen Teelöffel Toleranz, einen halben Teelöffel Takt und ein Körnchen Optimismus hinzu. Auch eine Prise Psychologie kann nicht schaden, wenn man vorhat, länger in diesem Beruf zu arbeiten. Daß ich annähernd die Zutaten dieses Rezeptes besitze, davon bin ich überzeugt. Also, warum bringe ich das nicht selbstbewußt an den Mann oder an die Frau? Vorurteile, Klischees hin oder her – Sekretärin ist genauso ein anerkannter Beruf wie jeder andere auch.

Wer weiß, was aus mir geworden wäre, wenn ich wirklich meinen erlernten Beruf ausgeübt hätte. Die Weichen für ein Studium stellten sich nach zweimaligem Abituranlauf automatisch. Klar, auch ich wollte studieren! Wofür hatte ich denn all die Jahre die Schulbank gedrückt und meinen Grips angestrengt? Englisch und Sport, das waren Fächer, die mir lagen. Also entschied ich mich, auch weiterhin Spaß zu haben. Das Studium gab mir Zeit, die rauhe Wirklichkeit von mir fernzuhalten und wichtigeren Dingen Vorrang zu geben: Freundinnen treffen, Feten und Sport. Ich fühlte mich frei, jobbte zwischendurch, hatte keinerlei Probleme. Meine berufliche Zukunft betrachtete ich eher rosa verschleiert als neblig trüb. Es mangelte mir an nichts. Meine Bürojobs schafften immer wieder Nachschub für mein Portemonnaie, das stets einen unbändigen Hunger zu haben schien. Eine weitere Geldquelle namens Bafög sprudelte ebenfalls einmal monatlich, und so ließ ich es mir eine Zeitlang gutgehen.

Aber nach streßerfülltem Referendariat mit Happy-end (ich war jetzt Lehrerin!) war es an der Zeit, sich etwas einfallen zu lassen und neue monetäre Bezugsquellen zu erschließen. Nur zwei Möglichkeiten standen zur Debatte:

116 Hildegard Sch., 35 Jahre

Zum einen konnte ich auf eine Stelle als Lehrerin warten. Bei meiner distinguierten Fächerwahl stand ich auf der Warteliste ganz unten und konnte mit einer Anstellung etwa ein bis zwei Jahre vor dem Pensionsalter rechnen. Die zweite Möglichkeit war, meine Aushilfstätigkeiten zum Full-time-Job umzufunktionieren. Da gerade Ebbe im Geldbeutel herrschte, entschloß ich mich kurzerhand zu Lösungsvariante Nummer zwei. Nur sie konnte mir meine Unabhängigkeit erhalten. Wesentliche Voraussetzungen brachte ich von Hause aus mit: Ich konnte organisieren, kommunizieren, beherrschte die deutsche und englische Sprache fehlerfrei, war flexibel und engagiert. Woran sollte es noch scheitern? So blendend ausgerüstet, bewarb ich mich ganz dreist und unverfroren auf sämtliche Chefsekretärinnen-Positionen, die ich in Zeitungen auftreiben konnte. Richtig gelesen, ,,Chef"-Sekretärin. Klotzen, nicht kleckern! Warum von unten den Berg erklimmen, wenn man den Gipfel auch per Lift erreichen kann? Die Resonanz gab mir recht: Ich wurde zu Vorstellungsgesprächen gebeten, und kam letztlich ich als Sekretärin und Assistentin des Geschäftsführers eines Sportwaffenherstellers unter.

Mit Vollgas ging es ins neue, aufreibende und aufregende Leben einer Sekretärin von heute. Ein Sprung ins Ungewisse. Ein Konglomerat aus System, Fleiß, einem fast unerschöpflichen Einsatz und Intelligenz bahnte sich den Weg durch bisher unbekannte Welten – und das zwölf bis 13 Stunden täglich. Niemand sollte mir nachsagen, ich hätte den Mund zu voll genommen. So wurde ich schnell zur Schlüsselfigur im Betrieb. Effiziente Chefentlastung, mehr Erreichen durch Ziel- und Zeitplanung, geschickter Umgang mit dem zentralen Kommunikationsmedium und rationelle Gesprächsführung ließen mich unentbehrlich erscheinen und extreme Belastungssituationen meistern. Meine Begabung, Typen und Persönlichkeiten ohne dreitägigen Sekretärinnen-Workshop zu analysieren, trug zu meinem besseren Verständnis der Verhaltensweisen anderer bei. Von Herrn Schmitt, meinem Chef, beispielsweise: Er überließ alles mir und meckerte immer nur dann, wenn etwas nicht nach seinem Geschmack funktionierte. In den meisten Fällen war ich das gefundene Opfer, wahrscheinlich weil er zum Dampfablassen nur seine Bürotüre öffnen mußte. So lief er nicht Gefahr, daß seine Wut auf der Suche nach Schuldigen in endlos langen Fluren verpuffte.

Bei Lobhudeleien war es ganz anders: Davon wurde ich stets verschont. Aber ich war sicher, wenn er nichts sagte, war es ein Lob. Die richtige Interpretation ist eben alles!

Neben den routinemäßig ablaufenden Sekretariatsaufgaben, wie

- dem Terminmanagement (schließlich muß eine Person wissen, wo der Chef des Unternehmens ist),
- den Lügen, die man seinen Gesprächspartnern auftischen muß, ohne daß sie es merken,
- dem täglichen Krampf mit Herrn Schmitts Mittagessen (Pizzeria oder China-Mann),
- den einfachen, aber sinnvollen Ablagemodalitäten,

wurde täglich noch Sachkompetenz gefordert. So hat eine Sekretärin die Produkte des Arbeitgebers in- und auswendig zu kennen. Sie muß deren Vorteile wie die Bibel preisen und die Konkurrenzprodukte charmant niedermachen können, ohne daß es auffällt, und stets auf dem letzten Stand sein. Denn wenn man etwas nicht ganz genau weiß, gilt man in der Szene entweder als dumm oder als nicht kompetenter Gesprächspartner. Und beides ist gleich schlimm. Zudem sind Fehler in den Köpfen der anderen fest eingemeißelt wie Inschriften unserer Vorfahren in Stein. Grundsätzlich gilt: Man spricht zehnmal über Fehler, aber allerhöchstens zweimal über eine gelungene Tat.

Herrn Schmitts Büro ähnelte dem Bermuda-Dreieck: Alles verschwand darin spurlos. Herrn Schmitt mußte ich buchstäblich seine Sachen hinterhertragen. Aus Erfahrung, das hieß in seinem Fall suchen, orten, nachtragen und hinterherhäscheln, wird man bekanntlich klug. Also checkte ich stets rechtzeitig vor seinen Dienstreisen, ob Paß (sein liebstes Vergeß-Objekt), Geld, Devisen, Reiseprogramm, Vortragsunterlagen, Dias, Traubenzucker, Kopfschmerztabletten, Gastgeschenk und Ticket in seiner Aktentasche waren. Herr Schmitt verschwendete an all dies keinen einzigen Gedanken – im sicheren Glauben, Frau S. wird es schon richten. Damit er aber letztendlich nicht auf dem Weg zum Flughafen selber abhanden kam, den Flieger verpaßte oder den Koffer auf dem Rollfeld vergaß, bekam er eine Eskorte: Frau S. Am Anfang war das noch ein Bonbon: Eine Fahrt in einem Auto der absoluten Spitzenklasse (mein Einkommen ermöglicht mir höchstens den Erwerb der Rückbank) beeindruckte. Ein Händegruß nach draußen, so fühlt sich bestimmt Königin Elisabeth von England auf ihrer Fahrt durch Londons Straßen, gesäumt mit jubelnden Menschen. Aber auch auf gekrönte Häupter wirkt jegliche Routine ermüdend. Zumal, wenn man nachts das wärmende Bett verlassen mußte, um den Chef zum Airbus zu bringen. Da ermunterten auch 240 PS nicht mehr.

Amüsement im Groß- oder Kleinformat – auch das fiel in mein Ressort. Dazu zählte die Organisation des einmal im Jahr stattfindenden „Ball des Sports" mit allen Größen der Branche. Die Kopfschmerzen, die manch eine Hausfrau wegen der Geburtstagsfeier des Göttergatten plagen, sind nichts gegen meine anhaltende Streßmigräne in dieser Zeit. Allein die letzten drei Wochen der Vorbereitungssession kosteten mich täglich mindestens 14 Arbeitsstunden, das Wochenende inbegriffen. Die Räumlichkeiten zu mieten war das kleinste Übel. Meist erledigte ich dies schon ein Jahr im voraus und vermerkte später auf der Projektliste nur noch veränderte Konditionen, Arrangements, Vorschriften etc. Musik! Auch die durfte nicht fehlen an so einem Abend. Weder hausbacken noch altjüngferlich sollten die Gäste unterhalten werden. Wahrlich keine einfache Aufgabe für jemanden, dessen Musikkenntnisse vergleichbar sind mit dem Know-how von Mutter Beimer über Heavy-Metal-Bands. Aber kein Grund zur Aufregung: Jazz, Rock, Blues, Oldies – am besten von allem ein bißchen. Mit Mundpropaganda, zähem Verhandlungsgeschick und ultravielen Telefonaten ließ sich eine durch und durch alle zum Schwoof hinreißende Kapelle engagieren.

Damit aber nicht genug. Jedes Jahr mußte ein neues Motto für das Spektakel herhalten, dem Tischdecken, Blumenarrangements, Diner, die Beleuchtung, Wandschmuck, wenn möglich auch die Kleidung der Service-Angestellten angepaßt waren. Klassik mit einem Schuß Avantgardismus war bisher meine Losung. Wie eine nimmersatte Raupe auf der Suche nach Nahrung gab ich meine Suche nach innovativen Ideen nie auf. Wenn Sie eine geschmackvolle, ansprechende, nicht alltägliche Einladung in Ihren Händen halten, haben Sie dann jemals daran gedacht, wieviel Schweiß dafür geflossen ist? Motiv entwerfen oder aussuchen, Text jedes Jahr anders, aber inhaltlich gleich formulieren, versandfertig machen und dann für jeden Gast noch ein kleines, individuelles Anschreiben (es kommen ja nur ca. 300 Gäste!) fertigmachen. Bitte denken Sie das nächste Mal daran!

Sitzordnung! Bei diesem Thema ergriff mich jedes Jahr die blanke Panik. Welche Frau, welcher Mann zur rechten oder zur linken Seite von XY Platz nimmt, darüber haben wir uns im Büro stundenlang die Köpfe zerbrochen. Frau Schmitt nicht neben Frau Müller setzen, sonst können wir gleich die Veranstaltung abblasen. Herrn Direktor Grimmel auf gar keinen Fall neben die Quasselstrippe Dr. Monika Becker-Müller. Spätestens nach einer Minute bekäme er einen allergischen Juckreiz, von dem bald der ganze Saal epidemieartig erfaßt würde. Eine Auswirkung seiner Aversion gegen emanzipierte

Doppelnamen-Frauen. Allein die ,,Hier-sitzt-er/sie-richtig-Thematik" kostete eine Woche Arbeit. Wie bitte, alles Quatsch? Weit gefehlt! Würde man nicht besonders darauf achten, ginge es zu wie im Innenhof eines Kindergartens. Und last but not least: die Ansprache von Herrn Schmitt, gespickt wie ein Rehrücken mit den neuesten Nachrichten aus der Branche und objektiven Fakten. Gewürzt mit ein paar Quentchen Humor – so wurde es den Gästen Jahr für Jahr serviert.

Auf einem dieser Bälle, sämtliche Vorbereitungen waren abgeschlossen, ich sonnte mich gerade in meinem Sunshine-Cocktail (selbstredend passend zum Motto: Rio und die Copacabana) und badete zufrieden in der gelungenen Abendveranstaltung. ,,Hildegard", sagte ich so zu mir, ,,jetzt kannst du den Abend genießen, nach all den Wochen der Entbehrung." Irrtum! Nach der Begrüßung der zahlreichen internationalen Gäste leitete Herr Schmitt voller Freude über die Anwesenheit von Frau S. zu deren Ansprache über. ,,Frau S.? Komisch", schoß es mir durch den Kopf, ,,eine Frau S., die etwas zu sagen haben könnte, steht nicht auf der Gästeliste." Nichts regte sich, keine Frau S. zeigte sich. 300 Gesichter starrten sensationslüstern in meine Richtung. Etwa ich??? Das durfte ja wohl nicht wahr sein! Ich wünschte mir nichts Sehnlicheres, als daß sich vor mir der Boden öffnete und ich in die schützende Tiefe hinabsteigen könnte. Hilfesuchend blickte ich in die leeren Augen meines Chefs, immer noch auf ein Mißverständnis hoffend. Tatsächlich, ich war gemeint, und keiner konnte mir helfen. Mein Innerstes war angespannt wie ein Flitzebogen, und ein ,,Jetzt-erst-recht-Gefühl" durchströmte mich. Mit dem Versuch eines Lächelns im Gesicht und der Hoffnung im Herzen, nicht zu stottern, zu lispeln oder den Faden zu verlieren, begrüßte ich unsere Gäste auch in Englisch. Französisch überging ich, warum sich unnötig blamieren? Improvisation und Schlagfertigkeit halfen mir, diese Vorstellung gut über die Bühne zu bringen. Ich war froh, als es vorbei war – aber auch stinksauer auf Herrn Schmitt. Vorgewarnt, bereitete ich für das nächste Jahr eine Rede in drei Sprachen vor – und tat gut damit. ,,Frau S. hat es im letzten Jahr so nett gemacht...", war der Abschluß von Herrn Schmitts Ansprache. Mich erwischt keiner mehr auf dem falschen Fuß. Seit der unerwarteten Redeeinlage bin ich nun immer bestens gewappnet und für alle Attacken gerüstet. Den anderen immer einen Schritt voraus zu sein zahlt sich aus.

Einige Jahre habe ich bei ,,meinem" Herrn Schmitt ausgeharrt, habe Erfolge eingeheimst, viel Neues hinzugelernt, aber auch Niederlagen weggesteckt und meine Grenzen kennengelernt. Ich hatte alles erreicht, was möglich war. Eine

Hildegard Sch., 35 Jahre

neue Herausforderung mußte her! Wer rastet, der rostet bekanntlich auch schneller. Und Rost steht keiner Frau von knapp 30 Jahren sonderlich gut. Dies war der eine Grund, mich neu zu orientieren, Herr Schmitt und seine anzüglichen Bemerkungen der andere. Ich bin eine Frau, die Privatleben und Job haargenau trennt, die nichts aus dem Büro mit nach Hause nimmt. Den ganzen Tag mit einem Mann zusammenzusein, und abends liegt derselbe Herr wie Don Juan mit Hauspuschen auf dem Sofa und wartet auf sein Kaffee-Verwöhn-Aroma. Nein danke! Außerdem: Er ist nicht mein Typ! Irgendwann habe ich ihm das auch deutlich gesagt. Viele Herren der Schöpfung scheinen berufstätige Frauen als schöne und modisch verpackte Zutat am Vorzimmerschreibtisch zu sehen, mit der Option: ,,Darf es sonst noch etwas sein?" Mein deutlicher Hinweis, nur das Büro mit ihm teilen zu wollen, hat anscheinend sein männliches Ego angekratzt. Die abendlichen Zusatzarbeiten mit dem energischen Hinweis: ,,Morgen früh muß das aber erledigt sein", häuften sich und ketteten mich auch in den Nachtstunden an meinen Schreibtisch. Mit schadenfroher Miene und dem Sprichwort im Hinterkopf: ,,Wer zuletzt lacht, lacht am besten", präsentierte ich ihm die Kündigung.

Neuer Brötchengeber war eine Fasern produzierende Firma. Sechs Monate lang durfte ich mich dort als Vorstandssekretärin austoben, dann kam die Pleite. Meine Vorgesetzten trieb es zum Konkursverwalter und mich ins Rheinland. Dort hatte ich studiert, kannte mich gut aus und war froh, wieder zurück zu sein, dort, wo die kollektive Fröhlichkeit in der fünften Jahreszeit besonders stark ausgeprägt ist.

Von Fasern zum PKW – die Automobilbranche lockte und gab schon bei unserem ersten Zusammentreffen ihre mündliche Zusage für meine Aufnahme in ihre Fahrgemeinschaft. Herr Möller, der Vorstandsvorsitzende, war mir auf Anhieb sympathisch. Mein forsches Auftreten und meine hochgesteckten Ansprüche an eine fruchtbare Zusammenarbeit schienen ihm zu imponieren. Auch hier führte meine kesse Art zu einem positiven Ergebnis.

Herr Möller – ein Traum von einem Chef! Er ist die Sahne auf meinem Fruchteis, das Tüpfelchen auf dem i ... Der erste Chef, der ahnt, daß auch seine Sekretärin ein Privatleben führen möchte, und ihr die Chance dazu einräumt. Die Nichtbeachtung des Sekretärinnenlebens außerhalb der vier Bürowände zieht sich geradezu auf hartnäckige Weise durch viele Chefetagen. Kennen Sie einen Chef, der seine Sekretärin allmorgendlich per Handschlag und mit den Worten: ,,Geht es Ihnen gut, Frau S.? Ist alles in Ordnung?" begrüßt? In der ersten Zeit dachte ich noch, diese Zeremonie ist nur eine

Einstiegsouvertüre oder Floskelndrescherei. Aber nein, sein Interesse ist nicht geheuchelt, es ist seine Art.

Mein Bürotraum kommt jeden Morgen gegen 9 Uhr, etwa eine Stunde nach mir. Ich habe dann schon mein Getriebe geölt und bereite für die gemeinsame Tagesroute alles vor: Schränke aufschließen, Fenster öffnen und den letzten Rest abgestandener Luft vertreiben, die erste Post in aller Ruhe sichten und Wichtiges vom Unwichtigen trennen wie die Spreu von Weizen. Viel Weizen bleibt dann nicht mehr übrig. Die Papierberge, die täglich bei uns abgeladen werden, tragen alle den Vermerk „wichtig", „dringend", „sofort Geschäftsleitung vorlegen" – und bei genauem Hinsehen sind es Kamellen von gestern. Also ab damit in die Recyclingbox. Die ersten Telefonate machen der allmorgendlichen Routine Beine, die auch ich schwingen muß, wenn Geschäftsführersitzungen auf der Tagesordnung stehen. Aber bevor die Vorbereitungen dafür zum Endspurt ansetzen, schnell noch Herrn Möllers Zahnarzt angerufen, ob es bei dem Termin um 15 Uhr 15 bleibt. Eine halbe Stunde gebe ich diesem Zeit, den bockenden Zahn, der sich anschickt, seinen Besitzer zu verlassen, aufzustöbern. Denn um 16 Uhr erwarten wir ein Telefonat, um dessen Eintreffen ich mich seit einer (!) Woche inständig bemühe. Anschließend wartet noch eine vollgepfropfte Unterschriftenmappe auf ihn. Hat er sich hindurchgekämpft, kommt mein Teil der Arbeit:

- Kopien ziehen für die Ablage,

- Kopien für vorgemerkte Empfänger,

- Anlagen kopieren (ich liebe sie ganz besonders ab einer Stärke von 50 Blatt) und den entsprechenden Schriftstücken zuordnen,

- Kopien machen für die Wiedervorlage, falls terminliche Abstimmungen zu einem späteren Zeitpunkt vonnöten sind.

Nach der stumpfsinnigen „Einlegen-Drücken-und-Blattwechsel-Aktion" kann ich mich wieder in Schwung bringen, um die Lebensfunktionen der Geschäftsführer während der Konferenz zu erhalten. Für diesen Anlaß wird stets das gute Service herausgeholt, Schalen randvoll mit frischem Obst gefüllt und – mit Keksen. Sie können sich gar nicht vorstellen, wieviel Kilo dieser Kalorienstückchen eine Schar wohlgenährter Führungskräfte verputzen kann. Die Kekse werden von mir eigenhändig in einem abschließbaren Schrank aufbewahrt und vor unliebsamen Zugriffen geschützt. Denn auch Mitarbeiter haben Appetit auf Süßes. Die bereits vorgewarnte Küche erhält von mir die endgültige Teilnehmerzahl und bereitet Lunchpakete vor. Für ausgedehnte Mahlzeiten in Nobelhotels bleibt den Herren keine Zeit.

Doch dies sind alles nur kleine Organisationseinlagen im Gegensatz zu dem Aufwand, den ich betreibe, um die Herren an den runden Tisch zu bekommen. Das dürfte doch nicht so schwer sein, denken Sie? Auch wenn die Herren weder Arzttermine, Großeinkäufe, Kinderbeaufsichtigungsaktionen noch einen Waschtag oder Frühjahrsputz in ihrem Terminkalender vorgemerkt haben, sind sie derart im Streß, daß die Entscheidung für einen Tag, für eine bestimmte Zeit, für den gleichen Ort, wie ein Mikadospiel anmutet. Fällt einer um, fallen sie alle. Sitzen die Herren dann erst einmal fest in ihren Stühlen, verschwendet keiner einen einzigen Gedanken an die Vorarbeiten (Telefonate, Abstimmungen, Unterlagen anfordern und kopieren, Listen und Grafiken erstellen, Protokolle bereithalten, Tagesordnung verfassen etc.). Alles wird mundgerecht serviert, ebenso wie das Lunchpaket, dessen Überreste ich beseitigen darf.

Bei uns wird überhaupt viel Zeit in Sitzungen zugebracht. An manchen Tagen platzen unsere Besprechungsräume schier aus den Nähten. Kommt frau, kommt Rat. Letzte meiner geglückten Lösungen: Zwei Besprechungsräume über den Flur hinweg zu einem vereint. Mit ein bißchen Improvisation läßt sich auch das einrichten. Herr Möller weiß es zu schätzen, daß ich ihm mit derartigen Alltäglichkeiten nicht behellige.

Ganz besonders starker Rundum-Streß setzt in der Vorweihnachtszeit ein. Dann gilt es, den adlerhaften Überblick über die vielen tausend Kleinigkeiten zu behalten, die unbedingt noch im alten Jahr erledigt werden sollen. Die Manie, in letzter Minute die – natürlich – besten Wünsche zum Weihnachtsfest und Jahreswechsel zur Post zu bringen. Mit Schrecken denke ich schon nach dem Sommerurlaub an all die Hunderte von Weihnachtskarten an unsere Geschäftspartner, Freunde und all solche, die es werden wollen oder sollen.

Das jedes Jahr wechselnde Kartenmotiv und -format erfordert intensives Nachdenken und geschickte Auswahl. Denn: Vorsicht vor Karten, die noch x-mal geknickt oder gefaltet werden müssen, um Eindruck beim Empfänger zu schinden. Ein formvollendeter Text muß her. „Wir wünschen frohe Weihnachten und ein glückliches neues Jahr verbunden mit unserem Dank ..." – dieser geglückte Satz muß es ja nicht jedes Jahr sein. Und nicht zu vergessen: Die Adressen müssen noch auf den Briefumschlag. Dafür steht mir eine ausgefeilte Computertechnik zur Verfügung – wenn da nicht der Stil des Hauses wäre mit dem obersten Grundsatz: ,,Vertrauen ist gut, Vorsicht ist besser." Alle Adressen werden ausgedruckt und von mir höchstpersönlich kontrolliert, damit auch keine vergessen wird. Der Computer – Chance oder Risiko?

Da war doch noch was! Ach ja, all die kleinen Präsente wie Kulis, Federhalter, Kalender, Bücher, Spirituosen. Wie ein Weihnachtsmann schnippele ich Geschenkpapier, verpacke, klebe zu, verschnüre, binde Bändchen um das Ganze und drapiere noch als krönenden Abschluß ein Schleifchen oben drauf. In all dem Tohuwabohu haben mein Chef und ich kaum Zeit, Dinge in aller Ruhe zu besprechen oder unseren Tagesplan auch nur annähernd abzuarbeiten. Mitarbeiter, die den Chef sprechen wollen, drängeln und bitten um einen Termin. ,,Meine Herren, ich bin immer für Sie zu sprechen", solche Aussagen meines Chefs tragen weder zu meiner noch zu seiner Entlastung bei. Aber bisher hat mich mein exzellentes Timing noch nie verlassen. ,,Sie können mit meiner Zeit besser umgehen als ich", ist einer von Herrn Möllers Lieblingssätzen. Und wo er recht hat, da hat er recht.

,,Es soll keiner einen für seinen vertrauten Freund halten, er habe denn zuvor einen Scheffel Salz mit ihm gegessen." Den Ausspruch von Martin Luther habe ich mir zu Herzen genommen, und mit keinem meiner Kolleginnen und Kollegen einen großen Löffel der weißen Würze zu mir genommen. Den Kontakt halte ich auf rein geschäftlicher Basis. Ich duze mich mit niemanden. Dadurch werden viele Leute zu sehr enthemmt und mißachten die zunächst bewußt geschaffene Distanz. Besonders in meiner Position kann ich mir das nicht leisten. Man erfährt sehr viel, darf seine Informationen aber nur gefiltert weitergeben. Antipathien oder Sympathien sind Gefühle, die dabei hinderlich sein können. Was kann ich sagen, was darf ich sagen, was will ich sagen – ein täglicher Balanceakt. Äußerungen von mir werden von den Kollegen auf die Goldwaage gelegt. ,,Wie hat sie denn das gemeint?" ,,Was steckt dahinter?" Durch übereifrige Phantasten kann die Flüsterpropaganda schnell ihre Kreise ziehen. Andererseits brauche ich aber den Kontakt zur ,,Außenwelt", um so ein wenig über das Betriebsklima und Stimmungsschwankungen informiert zu sein. Ein Rat von mir: ein Mittelmaß finden. Nicht nur um die eigenen Dinge kümmern, denn nach dem Bumerangeffekt kommt das Alleinsein.

Ein Glück, daß ich auf diesen Chef gestoßen bin. Er stellt seine eigenen Bedürfnissen auch mal hintenan. Er baut mich auf, unterstützt mich und bezeichnet mich als ,,ausgesprochen starke Hilfe". Er ist eben ein Mann mit Charakter! Bei uns herrscht ein beiderseitiges Geben und Nehmen: Ich bin fleißig und arbeite effektiv. Dafür leiste ich mir den Luxus, einigermaßen

124 Hildegard Sch., 35 Jahre

pünktlich Feierabend zu machen. Auch steht meinem Urlaub nichts im Weg. Ich stimme ihn ab, suche eine geeignete Vertretung und erhole mich mit ruhigem Gewissen. Einen Hasenfuß gibt es jedoch: Röcke sind ,,in", Hosen dagegen ,,mega-out"! Wie die Kleidungsordnung, so der Stil des Hauses: extrem konservativ. Ich ging den Kompromiß ein, und siehe da, auch im Kostüm kann ich arbeiten.

Schwierigkeiten anzugehen und Lösungen zu finden, das liebe ich an meinem Beruf. Verantwortung und anspruchsvolle Aufgaben sind ganz entscheidend für meine Zufriedenheit. Ich habe alles erreicht. In diesem Sinne habe ich Karriere gemacht, innere Karriere. Und doch gibt es immer wieder Momente, in denen ich noch etwas an mir selbst auszusetzen habe und versuche, meinen eigenen Erwartungen gerecht zu werden. Was mitunter schwieriger sein kann, als denen eines anderen zu entsprechen. Mein Streben nach Perfektion ist in den letzten Jahren nie zum Stillstand gekommen. Meine Schulkameradinnen würden mich heute nicht wiedererkennen.

Kirsti P., 40 Jahre

Mit Musik geht alles besser

Ich hielt die „Weiße Mütze" fest in meiner Hand, hatte ich doch lange genug darauf hingearbeitet. In Deutschland erhält man den Doktorhut, in Finnland bekommt man bereits für das Abitur eine Kopfbedeckung als Zeichen, daß diese Hürde im Leben genommen ist. Die Auszeichnung wird am letzten Schultag überreicht, eine uralte Tradition in meiner Heimat. Gerade in Mittelfinnland wird noch mehr Wert auf Traditionen und Bräuche gelegt als sonstwo in unserem Land. Keiner aus meiner Familie hatte bisher die „Weiße Mütze" in seinen Händen halten können. Ich war die erste, und der größte Wunsch meines Vaters ging damit in Erfüllung. Er, noch ein Kind des letzten Jahrhunderts, war ganz besonders fest verbunden mit einer Welt der Traditionen. Schon immer war ihm an meiner Zukunft gelegen und von klein auf erläuterte er mir, welch hohen Stellenwert eine Ausbildung und das Erlernen von Sprachen haben. Neben seiner Muttersprache beherrschte mein Vater Russisch, Deutsch und Englisch. Auch meine Mutter war nicht ganz untalentiert, was fremdsprachige Kommunikation anging.

So kam es ganz zwangsläufig, daß ich Sprachen und Erziehungswissenschaften studierte. Mit der Fächerkombination Englisch, Deutsch und Französisch konnte in meinem späteren Berufsleben eigentlich nichts schiefgehen. Dazu kam noch Schwedisch, das fast jeder Finne beherrscht. Spielend schaffte ich mein Vordiplom und steuerte zielstrebig meinen Abschluß an. Doch dann lernte ich meinen späteren deutschen Ehemann kennen, und es kam alles ganz anders: Meine Eltern unterstützten meinen Wunsch, mit ihm wegzugehen. Vater hatte nämlich vorausgesehen, daß ich eine Zeitlang im Ausland leben und arbeiten würde. Einiges von der Welt zu sehen und eine eigene Meinung über Land und Leute zu bilden, war seine Vorstellung von meinem Leben. So tauschte ich mit 22 Jahren eine Stadt in Mittelfinnland gegen eine Kleinstadt in Hessen ein.

Trotz meines Sprachtalents hatte ich so meine Schwierigkeiten mit dem hessischen Wortschatz. „Handkäs mit Musik", „Äppelwoi", Preßkopf und Schwartenmagen sind nunmal keine Vokabeln, die als Pflichtübung in den Schulrichtlinien stehen. Wie ein Lebewesen vom fremden Stern erkundete ich meine neue Heimat und besorgte die meisten Dinge des täglichen Lebens per Fingerzeig. In Finnland hatte ich zwar ein paar Jahre Studium hinter mir, doch hier in Deutschland brachte mich das nicht viel weiter, zudem war unser Wohnort viel zu weit weg von der nächsten Universtität.

Im übrigen stand noch ein weiteres Hindernis meiner beruflichen Entwicklung im Weg: mein Mann. Dieser, zwar selbst Akademiker, hatte für seine Frau ein anderes Leben vorgesehen: Ein Leben lang an Heim und Herd gekettet, als treusorgende Ehefrau und Mutter seiner Kinder. Ob unsere Vorstellungen übereinstimmten, darum hat er sich nie gekümmert. Er bemühte sich redlich, mich an seinem Gängelband zu führen wie einen ungehorsamen Hund. Dies ging mir bald auf die Nerven, und alles begann sich in mir gegen dieses verplante Leben zu sträuben. Und so setzten wir nach zwei Jahren unserer Ehe ein Ende, was eindeutig einem ewigen Schrecken ohne Ende vorzuziehen war.

Alleine auf mich gestellt, was konnte ich da besseres tun, als meine Sprachfähigkeiten weiter auszubauen? Zumal diese ja nun auch mit hessischen Schätzen angereichert waren. Daher ließ ich mich zur Fremdsprachenkorrespondentin ausbilden. Die Zeit an der Sprachenschule fiel mir nicht schwer, durch meine Grundkenntnisse und mein Studium hob ich mich überdurchschnittlich von den anderen ab. Nach zwei Jahren hatte ich meine Ausbildung in der Tasche und war von daher in der Lage, mich alleine zu ernähren. Schon bei der zweiten Bewerbung stand das Glück auf meiner Seite. Die Stelle im Schreibbüro eines Elektronikunternehmens war wahrlich nichts Aufregendes, aber es war ein Anfang. Endlich das erste selbstverdiente Geld in Händen zu halten, war ein beglückendes Gefühl und verlieh mir Flügel. Ich war frei wie ein Vogel.

Der Vogelfrei-Zustand blieb nicht lange erhalten, lernte ich doch schon bald einen Mann kennen, mit dem ich in rekordverdächtigem Tempo den Schritt vor den Standesbeamten wagte. Beim nächsten Mann wird bekanntlich ja alles anders, und ich war zuversichtlich ... Nach ein paar Jahren war die Stärke unserer Familie auf vier Personen angewachsen. Seitdem die Kinder da waren, ging ich zwar keiner regelmäßigen Arbeit mehr nach, betätigte mich jedoch hin und wieder in Heimarbeit als Übersetzerin für einen Zeitschriftenverlag. So blieb ich in Übung und war nicht vollkommen auf Mann und Kinder fixiert. Kam es mal zu zeitlichen Engpässen in meiner Tätigkeit als Mutter, Ehefrau, Hausfrau und Gelegenheitsarbeitende, so konnte ich mich stets an die Schwiegereltern wenden, die im gleichen Haus wohnten.

In diesem Trott vergingen die Jahre, und wenn ich es mir recht überlege, passierte eigentlich nicht mehr allzuviel. Trostlos war mein Leben geworden. „In Lethargie verfallen darfst Du nicht!", sagte ich mir selbst immer wieder und mußte mir eingestehen, daß dies bereits häufig genug der Fall war. Manchmal war mir so, als ob ich meiner Familie schon ein Kündigungsschreiben überreicht hätte. Meine Empfindungen lassen sich nur schwer erklären: Ich wollte einfach leben und nicht bis an das Ende meiner Tage ein ödes, langweiliges und alle Gefühle erstickendes Leben führen. Jedes Mitglied unserer Familie hatte sein eigenes Leben, das er führte, wie er es wollte. Meine beiden Söhne, von mir nicht zu Muttersöhnchen erzogen, nahmen mich in Anspruch für ihre ureigenen Bedürfnisse, wie etwa Zimmer aufräumen, Wäsche waschen und bügeln, bei den Schulaufgaben helfen. Dagegen spielten für sie meine Schwiegereltern, die von Kindheit an um sie herum waren, eine große Rolle.

Einer fehlt noch im Terzett, dessen Bedürfnisse es ebenfalls zu stillen galt: mein Göttergatte. Er hatte sich in den letzten Jahren zu einem Wesen entwickelt, das drei Dinge im Leben für außerordentlich wichtig hielt: sein Auto, seinen Stammtisch und seinen Fußballverein. Und ausschließlich diese drei Dinge waren es, die sein Interesse wecken konnten. Für mich war in diesem eingespielten Familienapparat scheinbar kein Platz mehr. Ob ich da war oder nicht, so hatte ich das Gefühl, war ihnen einerlei. Ebenso hätte eine Schaufensterpuppe meinen Platz einnehmen können. Dies zu erkennen und sich einzugestehen, war ein schmerzlicher Prozeß. Doch da mußte ich durch, nur ich allein konnte an dieser Situation etwas ändern. Obwohl ich mir dessen bewußt war, hielt mich noch immer eine Kleinigkeit vom letzten endgültigen Schritt ab. Wie von einem Magnet wurde ich wieder zurückgezogen, und der alte Schlendrian kehrte wieder ein. Jeder, der das schon einmal durchgestanden hat, weiß, wovon ich spreche: von der eigenen Bequemlichkeit.

Einen Auslöser, einen Anschubs benötigt man, um sich selbst voranzutreiben und „Nägel mit Köpfen" zu machen. Egal, was es ist, wer es ist. Bei mir handelte es sich um letzteres. Ich lernte in meiner gefühlsmäßig schlechten Verfassung einen Mann kennen, älter als ich und ebenso von Abnutzungserscheinungen des Lebens gezeichnet. Er war für mich der Stein, der alles ins Rollen brachte. Ich trennte mich von meinem Mann und war gewillt, mit meinen Kindern nach Finnland zurückzugehen. Mein Rechtsanwalt hielt das jedoch für keine gute Idee. „Damit haben Sie vor Gericht keine Chance", kommentierte er mein Vorhaben. Auch mit der Wahl des Rechtsanwaltes hatte ich keine glückliche Hand, er war nicht der richtige Mann für meine Scheidung. Von ihm schlecht beraten, mußte ich meine Kinder mit meinem Mann ziehen lassen, der ebenfalls das Sorgerecht beantragt hatte. Wie ein Schlag ins Gesicht war die Begründung des Gerichts: „Die Kinder können beim Vater die Kontinuität ihrer Lebensumstände bewahren."

Vielleicht war es für die Kinder wirklich das Beste, was ihnen passieren konnte. Sie blieben in ihrem Zuhause, versorgt und umsorgt von den Großeltern, und mußten nicht im Handgepäck der Mutter von einem Ort zum anderen ziehen. „Rabenmutter", diesen Zusatztitel hatten damals viele Leute als Beschreibung für meine Person auf den Lippen. Mir blieb nur die Flucht, die Flucht nach Hause, nach Finnland.

Nach zwei Monaten bereits kehrte ich wieder an den „Tatort" zurück. Fortlaufen war nicht die Lösung meiner Probleme, das hatte ich erkannt und wollte mich in Deutschland meinem Leben stellen. Mit nichts in den Händen kam ich zurück. Ohne Job, ohne Wohnung, ohne Kinder, aber mit großen Sorgen um meine weitere Zukunft. Die Deutsch-Finnische Gesellschaft half mir aus diesem Dilemma uneigennützig heraus. Sie besorgte mir ein Zimmer und Adressen von Firmen, bei denen ich mich bewerben konnte. Durch die Starthilfe dieser Organisation begann ich, ganz allmählich wieder Fuß zu fassen und wieder Ordnung in mein Leben zu bekommen.

Unerwartet schnell klappte es mit einer Stelle, meine Sprachkombination war anscheinend sehr gefragt. Ich blieb in der Gegend, wo ich mal zu Hause war, und hegte die Hoffnung, so meine Kinder öfters sehen zu können. Mein neuer Arbeitgeber war eine Art „Be- und Versorgungsgesellschaft" für all jenes, woran sich andere Unternehmen schon erfolglos versucht hatten. Wir machten es möglich und retteten, was zu retten war: Herrschte in einem asiatischen Land ein Mangel an vollautomatischen Webstühlen, kein Problem, wir besorgten sie. Benötigte ein arabisches Land dringend und schnell eine bestimmte Sorte Edelstahl, wir trieben sie auf. Mit den zahlreichen Beziehungen unseres Chefs glückte uns fast jeder Coup. Langweilig war es keinen Tag, denn einen normalen Arbeitstag gab es so gut wie nie.

Um nicht ständig an mein verkorkstes Leben erinnert zu werden und in der Vergangenheit zu wühlen, war ich froh, daß ich eine Arbeit gefunden hatte, die meinem Wunsch nach Arbeitseinsatz bis zum Umfallen gerecht wurde. Das blieb auch gar nicht aus, denn es gab keinen, der mir erklärte, was ich zu tun hatte, oder jemanden, der mir in irgendeiner Form Hilfestellung bot. Es war eine kleine Firma mit fünf Angestellten. Das ganze Unternehmen stand auf ziemlich wackeligen Beinen, und ein heftiger Atemstoß von enttäuschten Kaufwilligen konnte dieses Kartenhaus zum Einsturz bringen. Aufgrund der ständigen Gefahr, die wie ein Damoklesschwert über uns hing, waren die Tage gekennzeichnet durch Streß, Hektik und Ungeduld. Über das Setzen von Prioritäten hatte ich in meiner Ausbildung viel gelernt. Aber was tun, wenn alles, was gemacht werden mußte, erste Priorität hatte? Die einzige Möglichkeit war, eine Sache nach der anderen abzuarbeiten. Ansonsten ging man so schnell unter wie die Titanic.

Ich konnte aber auch meinen Eifer schlecht bremsen und machte den Fehler, ganz laut „Hier!" zu rufen, wenn es um die Verteilung von Aufgaben ging. Damit konnte ich mein Ansehen zwar nicht steigern, aber die Panik, in die mich mein eigenes Verhalten brachte. Ich hatte so viele Dinge auf meinem Schreibtisch, alle angefangen, aber auch alle unvollendet. Nachts schreckte ich aus meinen Träumen hoch, und alle unerledigten Arbeiten spulten sich vor meinem geistigen Auge ab, so daß ich kaum noch Schlaf fand. Ein anderer Arbeitsstil mußte her, sonst war ich bald geschafft. Ich streichte also das Wort „hier" vollständig aus meinem Vokabular und stellte mich taub, wenn neue Arbeiten verteilt wurden. Zuerst erledigte ich die komplizierten Angelegenheiten, eine nach der anderen, dann baute ich ganz allmählich den Arbeitsberg ab und meinen neuen Arbeitsstil auf.

Mein Tag begann stets um 7 Uhr morgens und dauerte an manchen Tagen bis 20 Uhr – ohne Pause, versteht sich. Man kann sich an diese fortwährende Anspannung gewöhnen, nur wie lange man es durchhält, das ist die Frage. Ich war immer ohne Ausnahme im Großeinsatz, die Gefahr dabei, etwas zu vergessen, potenzierte sich ins Unermeßliche. Um diese Gefahr weiträumig zu umgehen, schrieb ich alles auf. „Frau P., machen Sie noch dies!" „Frau P., machen Sie vorher aber noch jenes!" „Frau P., haben Sie auch an die Buchungen gedacht?" „Frau P., ist die Übersetzung gleich fertig?" So schallte es durch unser kleines Kartenhaus, stündlich, täglich. Zwischendurch besorgte ich noch all die Dinge, die in einem Büro so gebraucht wurden, erledigte noch dies und das. Wie ein aufgeschrecktes Huhn rannte ich von einer Ecke zur anderen, sollte und wollte dabei auch noch gute Arbeit abliefern. Aber hatte ich es nicht genauso gewollt? Eine Arbeit ohne Zeit zum Nachdenken. Auf einen gemütlichen Abend zu Hause legte ich doch auch keinen Wert mehr. Ein Gefühl der Leere, ausgebrannt zu sein wie eine alte Lagerhalle, benötigte ich, um Schlaf zu finden. Taschentücher getränkt mit Tränen, das war nicht mein

Fall. Das Vergangene, meine Scheidung, die Demütigung, der Verlust meiner Kinder – durch Arbeit wollte ich alles verdrängen. Mir schien dies die einzig mögliche Lösung zu sein.

Weitere Jahre in einer unsicheren Position zu verbringen und dafür nur Streß in Kauf zu nehmen, war aber auf Dauer kein erstrebenswertes Ziel. So durchstöberte ich schon seit längerem die Inserate und hielt Ausschau nach einer interessanten Tätigkeit. Wer suchet, der findet! Zwar nicht von heute auf morgen, aber irgendwann hatte ich Glück und stieß auf eine interessante Stellenbeschreibung. Eine Firma, die Musikinstrumente jeglicher Art und von allen bekannten Herstellern der Welt vertreibt, suchte eine Mitarbeiterin. Weder mit Tasten-, Flöt-, Schlag- oder sonstigen Instrumenten hatte ich je mehr am Hut, als daß ich wußte, daß sie unter, mit und durch geschickte Hände Töne erzeugen. Aber ich sollte ja auch nicht meine musikalische Genialität unter Beweis stellen, sondern der Geschäftsleitung als Sekretärin mit meinen Sprachkenntnissen unter die Arme greifen. Ein etabliertes, anerkanntes und solventes Familienunternehmen, weit über die Grenzen Deutschlands und Europas hinaus bekannt, konnte nicht schlechter als mein bisheriges vom Einsturz bedrohtes Kartenhaus sein.

Doch was sollte ich tun, und wie sollte ich es tun? Nur noch ein Tag, dann war die Frist für meinen nächstmöglichen Kündigungstermin verstrichen. Eine Bewerbung in der üblichen Form: blaue Klarsichtmappe, Lebenslauf in Folie, neuestes Lichtbild mit meinem Mona-Lisa-Lächeln, für all das hatte ich keine Zeit mehr. Die Unterlagen, die ich finden konnte, faxte ich der Firma Rücker zu – zum Teil in Form von schlechten Kopien und Aufstellungen ohne Details. Wenn das mal gut ging. Aber mehr als verlieren konnte ich nicht. Gerade war der Piepston des Faxgerätes verklungen, da klingelte das Telefon. Frau Rücker war am Apparat. Ich war baff vor Erstaunen, mit so einer schnellen Reaktion hatte ich nun wirklich nicht gerechnet. Noch am selben Abend stellte ich mich bei ihr und ihrem Mann vor. Sicher kennen Sie auch das Gefühl: „Auf Anhieb sehr sympathisch, die Leute." Dieses Empfinden hatte ich, als ich das Ehepaar Rücker wieder verließ. Ihre Entscheidung wollten sie mir am nächsten Morgen mitteilen. Bis 12 Uhr hatten sie Zeit dazu, bis dahin mußte ich gekündigt haben.

Am nächsten Tag ging ich wie immer zur Arbeit und bat meinen Freund, zu Hause am Telefon „Wache" zu halten. Unvorstellbar, wie lange ein Vormittag dauern kann. An diesem Tag zogen sich die Sekunden und Minuten zäh wie Kaugummi dahin. Bei jedem Telefongebimmel zuckte ich zusammen, und mein Herz begann wild zu rasen. Die nervenaufreibende Warterei hatte gegen 11 Uhr endlich ein Ende ... ich bekam die Stelle. Erleichtert atmete ich auf. Mit einem Mal wich die Anspannung aus meinem Körper und machte der Freude Platz. Das Kündigungsschreiben zog ich schon vorbereitet aus meiner Tasche, und ohne auch nur eine Minute zu verlieren, lag es, ehe er sich versah, in den Händen meines Chefs, meines „alten" Chefs. Meinem Gesicht sah er an, daß der Versuch, mich umzustimmen, aussichtslos war.

Nur noch sechs Wochen bis zum neuen Startschuß! Von Anfang an ergriff mich im neuen Job ein behagliches Wohlbefinden. Sie kennen das sicherlich: „Eintreten und sich wohlfühlen!" Ja, genauso war es. Schließlich verbringt man den Hauptteil seines Tages am Arbeitsplatz. Hier, in der neuen Position, hatte ich das Gefühl, dazuzugehören. Noch etwas war ganz anders als sonst: die Anzahl meiner Chefs. Sie hatte sich abrupt verdreifacht. Den Chef verkörperten Senior-Rücker, Junior-Rücker und Frau-Junior-Rücker. Diesem Dreigestirn sollte ich von nun an tatkräftig bei den betrieblichen Unternehmungen assistieren.

Nun bin ich schon eine Zeitlang in dieser Firma tätig und habe diese Entscheidung keinen Tag bereut. Die Angestellten bilden eine große Familie, sehr viele sind Musiker oder ehemalige Musiker. Also alles Leute, die in ihrem Leben etwas mit Musik oder Instrumenten zu tun hatten. Womit ich allerdings nicht dienen kann. Musik kenne ich nur aus dem Radio und Instrumente ausschließlich vom Zahnarzt. Die meisten Beschäftigten verbinden hier ihr Hobby mit dem täglichen Brotverdienen. Das beeinflußt das Arbeitsklima nicht unerheblich. Der Umgangston ist locker, das „Du" ist schon fast eine Pflichtübung.

Trotz des unkomplizierten Umganges miteinander oder gerade deswegen gibt es auch in diesem Betrieb sogenannte Führungskräfte, die sogenannten Product Manager. Diese sind für eine bestimmte Sparte von Musikinstrumenten zuständig und leiten diesen Bereich eigenverantwortlich. Wer, wie Rücker & Co., in der Musikszene mithalten und „in" sein will, kennt die Gruppen, Künstler und Veranstalter meist persönlich. Dies öffnet nicht selten Tür und Tor, schafft Kontakte und kurbelt das Image an.

Jeder in diesem Unternehmen scheint seine Aufgabe bestens zu kennen und ist gewillt, sie jeden Tag aufs neue optimal zu erfüllen. Eine Arbeitshaltung, die ich erst hier kennengelernt habe. Die Firmenleitung drückt keineswegs ihren Daumen auf die Häupter der Mitarbeiter und dirigiert diese wie Schachfiguren auf dem Brett durch das Geschehen. Vielmehr sind wir alle kleine Puzzleteile, die zusammen erst eine Einheit ergeben.

Kirsti P., 40 Jahre

Als ich anfangs erfuhr, daß ich mit der Chefin das Büro teilen sollte, war ich zunächst gar nicht so erbaut, immer im direkten Blickfeld, so vis-à-vis der Chefin zu sitzen. Meine Bedenken haben sich aber schnell gelegt, konnte ich doch eine Menge lernen. Sie ist eine tüchtige und lebenserfahrene Frau, die fest mit beiden Beinen im Leben steht. Ihre Gabe, Kunden, Lieferanten oder Musiker liebenswürdig zu becircen, ist schon phänomenal, aber kaum nachahmbar. Sie hat ihr Geschäft aus dem Effeff gelernt, viele Jahre in den USA gelebt und Höhen und Tiefen durchgemacht. Sie war es, die mir von Anfang an großes Vertrauen schenkte und mich mit allen Dingen des Rücker-Imperiums vertraut machte. Sie hat eine feinfühlige Antenne für meine Stimmungen und fragte mich damals aus wirklicher Anteilnahme: ,,Geht es Ihnen nicht gut?" Daraufhin habe ich ihr von meinen Schwierigkeiten erzählt – auch auf die Gefahr hin, durch diese Ehrlichkeit meine Person in ein viel schlechteres Licht zu rücken und vielleicht nicht mehr so gut abzuschneiden. Lange haben wir Für und Wider meiner Probleme debattiert. Und bis heute sind meine privaten Angelegenheiten nie irgendwo in der Firma wieder aufgetaucht, nie ist meine Achillesferse als Schwäche ausgenutzt worden. Zum Glück, denn es gibt auch Chefs, die private Schwierigkeiten ihrer ,,Untertanen" sehr wohl zu ihrem Vorteil ummünzen können.

Der zweite Rücker im Bunde ist der Juniorchef, ein sehr kompetenter und vor allen Dingen einfach zu handhabender Chef. Als Leitspruch könnte über seiner Bürotüre in Messing verewigt stehen: ,,Wer seine Arbeit in acht Stunden nicht bewältigen kann, der macht etwas falsch oder ist nicht engagiert genug." Er verkörpert für uns das Musterexemplar eines Chefs, das sich lohnt, öffentlich auszustellen. Er ist sich nicht zu schade für die sogenannten ,,niederen Arbeiten". So sieht man ihn mitunter in der Lagerhalle schwungvoll den Besen schwenken. Im Gegenzug dazu hat er keine Probleme damit, Führungsaufgaben auch mal anderen zu überlassen. Er ist kein Ich-Mensch, der seine Person durch Pfauengehabe in den Vordergrund stellt. Arrogant oder ,,von oben herab" habe ich ihn noch nie erlebt, weder gegenüber Kunden noch im Verhalten gegenüber Angestellten.

Der Dritte des Clans fällt etwas aus dem Rahmen: Herr Rücker senior. Er ist der Grand-Seigneur der Firma und der Branche. Vor seiner Ausstrahlung, gepaart mit Autorität und Klasse, hatte ich anfänglich ein bißchen Bammel. Er hat eine bestimmte Wirkung auf mich, übt eine Art väterlicher Bestimmtheit aus, die mich automatisch zu größter Sorgfalt zwingt. Als mir eines Tages ein Fehler unterlief, der auch nicht mehr zu korrigieren war, berichtete ich ihm alles ohne Umschweife und ohne Beschönigungen. Er lächelte und meinte: „Schön, daß auch Sie Fehler machen." Worte, an denen so mancher Vorgesetzte sich ein Beispiel nehmen könnte. Damit wanderte für ihn die Sache zu den Akten.

Auf seinen Arbeitsstil allerdings mußte ich mich erst einstellen. Man versetze sich zurück in die Nachkriegszeit, als ein Chef wirklich noch ein Chef war, der über allem thronte. Mit seinen über 70 Jahren sind Herrn Rückers Vorstellungen von der Führung eines Betriebes nicht gerade innovativ. Aber davon einmal abgesehen, ist er ein Mann, der sagt, was er denkt – nicht immer für alle und jeden bequem, aber gerecht und fair. Eine Eigenschaft, die vieles wieder wettmacht. Mit Personen seines Menschenschlages kann er emsig philosophieren und seitenlange Briefe an sie verfassen. Eines haben sie nämlich gemeinsam: aus dem Nichts und nur mit harter Arbeit und Konsequenz etwas aufgebaut zu haben.

Jede Sekretärin kennt die Situationen: Klingeling, das Telefon, muß das jetzt sein?! Gerade den Kopf und die Gedanken mitten in der dicksten Arbeit. Alles weglegen, freundliche Stimme einschalten und sich voll konzentrieren auf den Anrufer und seine Wünsche, letztendlich in den Hörer säuseln: „Ich verbinde Sie mit ...", „Sie möchten ... sprechen, einen kleinen Augenblick, bitte, ich verbinde" oder „Selbstverständlich, ich werde es ausrichten". Welche Freude erfüllte mich, als ich bemerkte, daß alle meine Chefs fähig sind, selbständig das Kommunikationsmittel Telefon zu bedienen. Eine Fertigkeit, mit der wahrlich nicht jeder Chef aufwarten kann. In Streßsituationen ist es angenehm, nicht als Zwischenschaltstelle fungieren zu müssen.

Zurückgezogen in ihrer verbarrikadierten Chef-Etage zu hocken, das gibt es bei den Rückers nicht. Distanz zur Basis lassen sie erst gar nicht aufkommen. Wer mit ihnen sprechen möchte, kann das tun, seien es Mitarbeiter oder Kunden. Auch wenn diese nicht selten mit Unannehmlichkeiten ankommen oder Reklamationen vortragen. „Dienst am Kunden", nennt man das wohl, darin scheint das Erfolgsgeheimnis dieser Unternehmer-Familie zu liegen. Wo gibt es das heute noch, daß der Chef selbst sich um die Dinge kümmert? Meine Chefs sind einige der wenigen Menschen, die die natürliche Gabe besitzen, dem Gegenüber das Gefühl von Wichtigkeit zu geben. Weder ein Angestellter noch ein Kunde verläßt uns, ohne daß seinen Belangen die erforderliche Beachtung geschenkt wurde.

Keiner von den dreien drängelt sich als erster an meinen Schreibtisch und schubst dabei die beiden zur Seite, nur um vorrangig von mir behandelt zu werden. Die Prioritäten setze in diesem Fall sowieso ich. Wessen Angelegenheiten bevorzugt bearbeitet werden, habe ich in der Hand. Kein Wunder, daß sich alle mit mir gutstellen! Jetzt aber im Ernst: Priorität hat bei uns immer der Kunde! Selbst der Senior verzichtet auf seine privaten Belange, wenn wichtige Kundenschreiben an einem bestimmten Tag noch raus müssen. Dann wird sich eben wieder hinten angestellt. Wo findet man das heute noch, wo jeder nur sich und seine Interessen sieht? Bei uns ist ,,Rücksicht" keine Floskel!

Sie merken schon: Mit diesem recht unterschiedlichen Chef-Gespann können meine Arbeitstage gar nicht monoton ausfallen. Mein Tag beginnt mit der Postverteilung, von mir liebevoll ,,Zeitfresserchen" genannt. Die gesamte Post der Firma sammelt sich auf meinem Schreibtisch an, und diese Anhäufungen arbeite ich scheibchenweise von oben her ab. Wäre da nicht noch mein Freund Faxgerät, würde die Arbeit noch mehr Vergnügen machen. Eigentlich eine ganz passable Erfindung, aber wenn Leute dieses Gerät benutzen, um ganze Bestseller zum Besten zu geben, dann hat man so seine liebe Not mit der Schneiderei und Stückelei. Da mein Kaffee der beste sein soll, koche ich diesen für die gesamte Etage und sorge dafür, daß alles funktionstüchtig ist, wenn der Rest meines Teams in die Hufe kommt. Sie brauchen sich nur noch an den Schreibtisch zu setzen, alles andere ist schon erledigt. Nach zwei bis zweieinhalb Stunden neigt sich meine ,,Lieblingsbeschäftigung" dem Ende zu. Noch die Post an die sehnsüchtig Wartenden verteilen, und dann kann ich zu meinem eigentlichen Tagesprogramm übergehen. Durch das Postbotenspiel sehe ich meine Kollegen fast täglich, erfahre von Schwierigkeiten, schnappe Neuigkeiten auf. Bemerke ich, daß eine Sekretärin aus irgendwelchen Gründen Zeit hat, den Tagesanzeiger dreimal von vorne nach hinten zu studieren, sich eine andere dagegen buchstäblich überschlagen muß, um allem gerecht zu werden, schreite ich ein und helfe. Würde ich den ganzen Tag nur hinter meinem Schreibtisch verbringen, hätte ich weder einen so guten Einblick in die Geschäftsabläufe noch den engen Kontakt zu den Kollegen.

Mein Pensum an Korrespondenz ist sehr hoch, nirgendwo sonst scheint soviel kommuniziert zu werden, wie in dieser Branche. Kaum ist ein Brief verfaßt, geht es mit Schwung an den nächsten. Die Texterei ist nie eintönig, ob in deutsch oder in einer Fremdsprache. Noch heute lerne ich so fast täglich eine neues Wort hinzu. Alles, was ich tue, versuche ich gewissenhaft und korrekt zu tun. Wenn ich recht darüber nachdenke, versuche ich sogar, meine Leistung ständig zu steigern. Das Lob und die Anerkennung seitens des Teams spornen mich an und tragen zu meiner großen Motivation bei.

Interessant und besuchenswert sind auch die alljährlichen Messetage. Für uns bedeutet es harte Knochenarbeit, bis alles so perfekt aussieht, wie es sich dem Besucher präsentiert. Aber das bunte Treiben, das in Frankfurt auf der Musik Messe herrscht, wo alles vertreten ist, was Rang und Namen hat, entschädigt mich für die Nervenanspannung und Kraftanstrengung. Während der Messe wird man zwangsläufig zum Frühaufsteher. Nach dem Trubel eines vergangenen Tages bedarf der Stand einer Schönheitsrestaurierung, und die kann nur erfolgreich durchgeführt werden, wenn die Messetore noch geschlossen sind. Getränke und kleine Snacks müssen besorgt und vorbereitet werden. Man glaubt gar nicht, welchen Appetit Messebesucher beim Laufen durch die Gänge entwickeln können. Damit auch nur ja jeder unserem Stand Beachtung schenkt, gilt es, mit einem Poliertuch bewaffnet, die Instrumente auf Vordermann zu bringen. Auch Schönschrift wird auf Messen verlangt: Plakate mit den Uhrzeiten für die Instrumenten-Demos müssen angebracht werden, für Prospektmaterial muß ausreichend gesorgt sein und bei Bedarf nachgeordert werden. Noch an zig andere große und kleine Dinge muß gedacht werden. Jeder von uns bräuchte eigentlich noch ein paar Hände, um alles bewältigen zu können. Nicht immer klappt alles so, wie geplant, aber Improvisation ist eben alles!

Die Messebesucher merken kaum, daß solche Tage nur aus Streß und Hektik zusammengehalten werden, denn jeder Kunde wird individuell und äußerst zuvorkommend mit unserem speziell trainierten Messelächeln behandelt. So ein Messe-Einsatz bedeutet Anstrengung und Gesichtsmuskeltraining von früh bis spät. Das beste Mittel gegen schmerzende Füße sind eigentlich bequeme Schuhe, aber bei dem Gedanken, das klassische Messe-Outfit mit Lauftretern zu paaren, schüttelt es mich. So ist ein abendliches Bad die einzige Erholung, die ich an Messetagen meinen Füßen bieten kann. Stundenlanges Stehen ist auch für die Beine nicht gerade erquickend. Man hält sehnsüchtig in einer ruhigen Minute nach einem Stuhl Ausschau und ist glücklich, wenn man ihn dann vor jemand anderem ergattern kann. Das Kennenlernen vieler unterschiedlicher Persönlichkeiten macht aber alle kleinen Wehwehchen wieder wett. Vom Geschäftsmann über den Dudelsackpfeifer bis hin zum bekannten Schlagzeugsolisten oder Jazztrompeter, alle kreuzen meinen Weg und machen den Reiz einer solchen Veranstaltung aus. Total exzentrisch, ganz abgedreht oder einfach nur menschlich präsentieren diese Leute sich am Stand und werden zu einer Bereicherung der Messe.

Kirsti P., 40 Jahre

Abends, wenn der Stand aufgeräumt ist für den nächsten Ansturm, ist das Interesse für weltliche Dinge auf ein Minimum reduziert. Das Augenmerk konzentriert sich nur noch auf eines: das Bett. Mit einem Wirrwarr aus Klängen der verschiedensten Musikinstrumente in den Ohren fällt man in sein Bett und beginnt schnell mit dem Schäfchenzählen. Denn der nächste Tag kommt schneller, als man glaubt. Nach fünf Messetagen fühlt man sich „reif für die Insel" und wünscht sich nichts Sehnlicheres, als dort in der Sonne zu liegen. Aber weit gefehlt, daraus kann nichts werden. Nun geht die Arbeit erst richtig los. Neue Abschlüsse, der eigentliche Sinn der Veranstaltung, wurden getätigt und müssen schnell umgesetzt werden: Schreibarbeit en masse und Preiskalkulationen bergeweise stehen an. Messeneuheiten müssen verständlicherweise gleich lieferbar sein, denn nur ein zufriedener Kunde ist ein guter Kunde. Und Dienstleistung ist nunmal unser oberstes Gebot!

Auch das Ehepaar Rücker ist an den Messe-Tagen voll im Einsatz, sogar unser Senior läßt sich an manchen Tagen blicken und pflegt alte und neue Kontakte. Kurzum: die ganze Firma ist auf den Beinen, um die hektischen Tage erfolgreich zu überstehen. Spaß macht es, und jeder trägt zum Gelingen sein Schärflein bei. Das gesamte Team ist positiv eingestellt, geht mit Freude an die Arbeit, hat Handlungsfreiraum, trägt aber auch ein Stück Verantwortung. Der Arbeitseinsatzes eines jeden Mitarbeiters, vom Boten bis hin zu mir, entsteht nicht durch Druck von oben, sondern das Gefühl, selbst etwas bewegen und erreichen zu können, spornt an.

Mit der alljährlichen Messe ist es nicht getan, einmal im Jahr organisieren wir selbst eine Messe, zu der alle Händler aus Deutschland eingeladen werden. Auf dieser Hausmesse wird der Erfolg unserer Firma sehr stark durch den „Dienst am Kunden" geprägt. Fast jeder unserer Gäste hat ein kleines Repertoire an Sonderwünschen im Gepäck. Schon Tage vorher sind wir eifrig bemüht, alles wunschgemäß umzusetzen und alle zufriedenzustellen. Den Wunsch nach einem Zimmer mit Meerblick versuche ich wenigstens annähernd zu realisieren, auch wenn bei uns weder Meer noch See vorhanden ist. Dafür bieten wir dann die exklusive Aussicht auf den Gartenteich des Hotels am Platze. Und das ist doch dann auch schon was!

Übrigens: Nicht, daß Sie auf die Idee kommen, ich wäre eine sogenannte Karrierefrau, von denen öfters in den Medien berichtet wird. Nein, ich arbeite halt gern. In dieser Firma kann ich nach einem selbstgestrickten Zeitplan arbeiten, der mir genügend Spielraum und Flexibilität läßt. Vieles ist im Rücker-Unternehmen eben anders als anderswo: Die Firmenleitung schottet sich nicht ab, die Chefs sind stets für jeden zu sprechen; die Zusammenarbeit zwischen alter und junger Firmenleitung ist harmonisch und funktioniert tadellos, denn für beide Generationen ist der Kunde immer noch König. Und was ganz wichtig ist: Die Menschlichkeit hat sich nie durch irgendwelche Ritzen aus dem Unternehmen geschlichen.

Fazit: Ich bin rundum glücklich und zufrieden in meinem Traumjob. Für viele ist dies heutzutage kaum noch vorstellbar! Schon oft habe ich Kolleginnen erlebt, die am Rande eines Nervenzusammenbruches standen, ohne Aussicht auf ein Privatleben, zugedeckt bis zum Stehkragen mit Arbeit und im steten Clinch mit einem ,,Monster" von Chef! Und das alles nur, damit sie sich Chefsekretärin nennen können. – Ein Titel, auf den ich in diesem Fall auch ganz gut verzichten könnte. Ich gehe jeden Tag frohgelaunt an mein Tageswerk und sitze mit einer positiven Grundeinstellung auf meinem Chefsekretärinnen-Stuhl. Ein Platz, auf den ich gehöre; ein Ort, an dem jeder mein Tun schätzt, eine Position, in der ich gebraucht werde. Ein Gefühl, das mir Stärke, Selbstsicherheit und Kraft verleiht, für all das, was mich in meinem Leben noch erwartet.

Elisabeth van R., 63 Jahre

Vom Traum zum Traumjob

Der Zweite Weltkrieg war verloren. Meine Eltern und ich befanden uns zu dieser Zeit im russisch besetzten Territorium. Die Kriegswirren hatten uns nichts gelassen, nur das, was wir am Leibe trugen. Wir kämpften mit dem Hunger, kämpften ums Überleben. Eine Zeit, die nicht mehr viele kennen, eine Zeit, von der viele nicht erfahren haben, wie sie wirklich gewesen ist. Mir war nichts geblieben, außer meinen Träumen und meinen heimlichen Wünschen, und die konnte mir keine Bombe, keine Gewehrsalve nehmen. Nur, konnte ich sie realisieren? Zu groß waren die Probleme, die es zu bewältigen gab. Irgendwie über die Runden kommen, war das vorrangige Ziel. Träume zu verwirklichen, dafür blieb kaum Zeit. Das zerbombte Deutschland zerstörte unerbittlich meinen Jungmädchen-Traum, Ärztin zu werden. Ein Studium war im neu ausgerufenen Arbeiter- und Bauernstaat nicht mehr drin – zumindest nicht für ein Kind kapitalistischer Eltern. Mit knapp 20 Jahren eine unfaßbare Erfahrung. Sollten die Jahre angestrengten Lernens und das Erreichen des Abiturs umsonst gewesen sein? Ich war nicht verantwortlich für diesen Krieg, hatte rein gar nichts damit zu tun. Was hatte ich verbrochen, daß mir mein Traum genommen wurde?

Kein Studium, was dann? Meine Eltern beschlossen, mich auf die Letti-Schule nach Berlin zu schicken. Eine Schule, zur reinen Frauensache erklärt, die Abiturientinnen eine praktische Ausbildung anbot. Im Kreise der höheren Töchter wurden mir neben typischen Frauenfächern auch Kunstgeschichte, Kultur, Sprachen und Geschichte eingetrichtert. Ich sog alles begierig auf. Wenn schon kein Studium, dann wenigstens eine gute Ausbildung. Die Zeit in Ostberlin war kein Zuckerschlecken: trostlos, öd und mit dem Ausblick auf „no future". Uns wurde ein Maximum an Einsatz, Disziplin und Geschicklichkeit abverlangt. Nur so konnten wir den täglichen Kampf ums Überleben gewinnen. Wir litten alle, und in uns verstärkte sich der Wunsch, die Flucht anzutreten. Zwar existierte die Mauer noch nicht, aber bereits der Schießbefehl. Obwohl wir uns über die möglichen Konsequenzen im klaren waren, gingen wir das Risiko ein. Und wir schafften es! Wir erreichten West-Berlin.

Elisabeth van R., 63 Jahre

Im Laufe der Zeit habe ich all die harten Jahre verdrängt. Erst wenn man Erinnerungen weckt, erwachen die Bilder von früher wieder zum Leben. Heute, in einer relativ sicheren Zeit, tut es gut zu wissen: ,,Du kannst schwierige Situationen meistern und widrigen Umständen trotzen!" Ich habe es damals bewiesen und tue es noch immer. Die Erfahrungen haben mich stark gemacht, auch eine unbestimmte Zukunft anzusteuern.

Berlin – die Stadt, in der ich geheiratet habe. Nicht so, wie sich das junge Frauen erträumen: in weißer Hochzeitskutsche, mit sechsstöckiger Hochzeitstorte, Dutzenden von Gästen und Bergen von Geschenken. Es war eine bescheidene Hochzeit, ganz den äußeren Umständen angepaßt. Mein Mann war für die stationierten Amerikaner ein wahres ,,Objekt der Begierde" – sein Know-how, sein Studium und seine Ausbildung, war unerläßlich für sie. Sie verfrachteten uns in einen kleinen Ort mitten im tiefsten Taunus. Dort begannen wir, voller Tatendrang und jugendlicher Frische unser Leben zu ordnen und aufzubauen. Unserem Sohn wollten wir etwas Besseres bieten als die Welt, aus der wir gekommen waren. Doch nur kurz währte unser Glück in der zerbombten Freiheit! Ohne erkennbare Vorzeichen ergriff eine unheilbare Krankheit meinen Mann und besiegte ihn in nur zwei Wochen. Ich war wieder allein! Allein in einer fremden Umgebung, allein mit meiner Trauer und meinem Schmerz. Abermals führten meine Träume, meine Wünsche nicht zum Ziel. Was blieb, war erneut Ungewißheit. Ich mußte weg aus dieser Gegend. Nur so, hoffte ich, die Erinnerung an die Zeit mit meinem Mann zu verdrängen und neuen Mut zum Leben zu fassen. Wo konnte ich aber die Sicherheit und Geborgenheit finden, die ich so dringend brauchte?

Ich ging nach München, zu Menschen, die mich kannten. Wieder mit jemandem reden können, dem Schmerz Luft verschaffen. Trotz allen Zuspruchs und aller Unterstützung habe ich mich nie wieder so allein gefühlt wie in jener Zeit. Pragmatisch leben und denken, das konnte ich. Der Krieg hatte es bewirkt. Ein Job mußte her, irgendwie mußte ich meinen Sohn und mich am Leben erhalten. Viel hatte ich nicht zu bieten, aber mit der Absicht, das Beste aus der Situation zu machen, ging ich ans Werk. Ein Professor für Innere Medizin stellte mich als Halbtagsschreibkraft ein. Genau das Richtige für mich, denn ich hatte ja noch einen kleinen Sohn zu versorgen. Ohne nennenswerten Zwischenfälle verlief von da ab mein Leben, weder im Beruf noch im Privatleben ereignete sich etwas Besonderes. Unauffällig und leise plätschernd wie ein Bächlein irgendwo in einem Wald vergingen die Jahre. Ich lebte einfach nur.

Ein Patient vermittelte mich eines Tages an ein Verlagshaus in Süddeutschland. Vier bis fünf Stunden täglich arbeitete ich nun als Schreibkraft in irgendeiner Abteilung des Hauses. Meine Aufgabe war nicht sonderlich interessant und weltbewegend, aber zeitintensiv. Ich hatte für mehr als nur den halben Tag zu tun und stand nun vor der Entscheidung: „Was mache ich mit meinem Kind?" Allein bei dem Gedanken, meinen Sohn als Schlüsselkind durch die Nachbarschaft laufen zu sehen, stieg mir die Schamesröte ins Gesicht. Mir mißfiel der Gedanke, ihn allein zu lassen. Aber was sollte ich anderes tun? Eine andere Wahl blieb mir nicht. Ich brachte ihn bei der Familie meiner Schwester unter. Dort, so hoffte ich, könnte er ein normales Leben führen und wie ein richtiger Junge aufwachsen. Wer alleinerziehend *und* berufstätig ist, muß kompromißfähig sein, muß über sich selbst hinauswachsen. Heute bin ich froh, diesen Schritt getan zu haben: Mein Sohn hat ein Familienleben kennengelernt, das ich ihm in der Form nicht hätte bieten können.

Meine ganze Zeit steckte ich fortan in mein berufliches Vorwärtskommen. Ich lernte jede Abteilung im Verlag kennen. Eine große Variationsbreite bot meine Arbeit jedoch nicht: Ablage, Briefe schreiben, aufräumen, mal hier und mal da Ausputzer spielen. Technische Wundermittel der Neuzeit wie Computer und Diktaphone gab es noch nicht. Dadurch lernte man Disziplin: spätestens dann, wenn man ein und denselben Brief zum zehnten Mal schreiben mußte! Kontinuität und Zielstrebigkeit zeichneten mich aus, was im Laufe der Jahre nicht unbemerkt blieb. Die Verlagsleitung, das Ehepaar Weinmann, holte mich in ihr Büro. Die Freude an der Arbeit und das gute Verhältnis zum Chef-Ehepaar beflügelten mich regelrecht. Frau Weinmann gab zu jener Zeit zwei Buchreihen heraus, an deren Entstehung ich maßgeblich beteiligt war: „Alte Rezepte und traditionsreiche Gerichte" und „Kinderbücher", meine ganz besondere Leidenschaft.

Als das Ehepaar Weinmann sich nach einigen haarsträubenden Querelen trennte, trennte auch ich mich vom Verlag. Frau Weinmann wurde quasi über Nacht durch eine neue Vorgesetzte ausgetauscht. Von meiner neuen Chefin trennten mich Welten. Traurigkeit überkam mich bei dem Gedanken, daß jeder so einfach zu ersetzen ist. Diese Erfahrung wirkte so nachhaltig, daß ich sie nie vergessen habe.

Was war naheliegender, als in der Medienbranche zu bleiben? Ich fing bei einer großen Zeitung an, zwar nicht ganz unten, aber erneut hieß es, sich zurechtzufinden, neue Dinge zu lernen, sich an andere Menschen, an eine andere Umgebung zu gewöhnen. In so einer Situation haben es die Mitglieder der höheren Hierarchieebenen doch leichter als unsereins. Einmal umgesattelt, haben die Manager von heute ausgiebig Gelegenheit, das neue Unternehmen aus allen Blickwinkeln zu sichten. Sie führen Gespräche hier, haben Besprechungen dort. Sie erhalten die notwendigen Informationen schön gebündelt in verschieden eingebundenen Mappen direkt auf ihren neuen, gerade frisch angelieferten Schreibtisch. Eine Sekretärin, die fast genauso gut über die Firmenstruktur unterrichtet sein sollte, muß sich selbst an den Haaren aus dem Sumpf ziehen, sich durch jede Abteilung kämpfen und die Akten durchwühlen. Beide kommen ans Ziel. Die Frage ist nur, mit welchem Aufwand.

Die Chemie zum neuen Vorgesetzten stimmte voll und ganz. Er war intelligent, hatte Stil und Charisma. Er sah mich nicht als Bedienstete im höheren Dienst, sondern als Vertraute, als kompetente Partnerin im Berufsalltag. Genau hier liegt auch das Salz in der gemeinsamen Arbeitssuppe: Das Verhältnis zwischen Chef und Sekretärin ist besonders eng, Aufgabenstellung und Ausgestaltung der Position hängen in hohem Maße von der Person des Vorgesetzten ab und von dem Vertrauen, das er seiner Assistentin entgegenbringt. Er wußte dies. Ergo: Für diese Sorte Chef zu arbeiten, war eine reine Freude. Wen wundert es, daß so ein prächtiges Gespann auch gute Arbeit leistete. Die Folge war, daß mein Chef und ich nach einigen Jahren höhere Karriereregionen erreichten. Durch Zeitungsaufkäufe entstand eine riesige Organisation, in der wir beide ganz oben mitmischten. Karriere, laut Duden die schnellste Gangart des Pferdes, war bei uns kein Galopp durch die berufliche Realität. Unsere Karriere stand im Einklang mit den persönlichen Fähigkeiten und war kein stürmisches Durchlaufen verschiedener Hierarchieebenen. Als ich dann auch noch den revolutionären Umbruch in der Drucktechnik miterlebte, die bis dato noch in verdächtiger Weise der Gutenbergschen Arbeitsweise ähnelte, war mein Zufriedenheitspegel auf dem Höchststand angekommen.

Wie schnell einem allerdings das Lachen vergehen kann, erfuhr ich kurze Zeit später. Man wollte mich nicht mehr. Ich war nicht mehr erwünscht in der Zeitung. Nicht etwa, weil meine Arbeitsweise sich um 360 Grad geändert hatte, horrende Fehlleistungen zutage getreten waren oder ich mir ein kostenloses Abo der Zeitung an Land gezogen hatte. Nein, ich teilte diesen Lebensabschnitt mit einem Mann, der zu der leitenden Riege des Zeitungsimperiums gehörte. Eine Tatsache, die nicht tragbar war für das Unternehmen. Meine Liaison mit ihm schade der Zeitung, so der Tenor, und daher mußte ich zwangsläufig meine Papiere nehmen. Von seiner Schadenswirkung für die Zeitung sprach keiner. Auf jeden Fall schadete der ganze Hickhack unserer Beziehung. Sie dauerte nur noch ein paar Monate.

Finanziell ging es mir prächtig. Nichts drängte mich, direkt am nächsten Tag schon wieder eine neue Tätigkeit aufzunehmen. Diesmal wartete ich, bis ein interessantes Angebot auf mich zukam: Im Nahen Osten sollte das Büro für einen Distributeur von Hafenanlagen eingerichtet werden. Dort steckte noch alles in den Kinderschuhen, und um in dem Chaos Ordnung zu schaffen, suchte man eine erfahrene, gestandene und auch mutige Frau, die für diesen ausgefallenen Auftrag sechs Monate Zeit hatte. Bei der Aussicht auf so ein Abenteuer in den Vereinigten Arabischen Emiraten und in Saudi-Arabien hätten Sie sicherlich auch angenommen.

Nach einem halben Jahr Deutschlandabstinenz war es gar nicht so einfach, sich wieder für eine „seriöse" Tätigkeit im üblichen Sinne zu bewerben. Ich fand nach einiger Zeit eine Personalberatung, die gerade im Begriff war, sich zu etablieren. Das war meine Chance, wieder als Wühlmaus aktiv sein zu können, an Herausforderungen mit Biß heranzugehen und an allen Ecken und Enden zugleich gebraucht zu werden. Einsatz rund um die Uhr mußte erbracht werden. Wir waren nur vier Leute, und da blieb es nicht aus, daß jeder für alles zuständig war und da anpackte, wo es am dringendsten war. Als Fachfrau der Telefonanlage, als Füchsin in der Buchhaltung, Generalbevollmächtigte der Putzkammer und als Meisterin des Bürohandwerks trug ich den klangvollen Namen „Office Manager". Ich konnte mich voll entfalten wie eine Wüstenblume, deren Blütenkranz sich nach langer Dürreperiode endlich öffnen kann. Zugegeben, manchmal nutzte *ich* meinen Beruf schamlos aus: Wer viel zu tun hat, hat keine Zeit, die Einsamkeit zu erfahren. Manch trübsinniger Abend zu Hause blieb mir so erspart. Dafür bin ich heute noch dankbar. Mit ungeheurem geistigen und körperlichen Einsatz erreichten wir viel in jenen Jahren. Ich war froh, als Kind der ersten Stunde das Gedeihen und Wachsen des „eigenen" Unternehmens zu erleben. Zu den „Gründungsmitgliedern" besteht noch heute ein freundschaftlicher Kontakt. Ein gemeinsamer Start verbindet eben.

Nach einigen Jahren stellte ich mir die Gewissensfrage: „Habe ich einen Traumjob?! Ich bekomme ein gutes Gehalt, sitze in einem ästhetisch anspruchsvollen Büro, beherrsche die Sekretariatsarbeit im Schlaf, Briefe schreiben ist kein Problem, ich habe Unterstützung von vier Leuten, die sich meine ursprüngliche Stelle teilen. Ich lebe gut – ich bezweifle das nicht." Aber irgendwie stieg ein komisches Gefühl in mir hoch. Sollte das alles gewesen sein? Gab es auch für mich noch eine nächste Stufe, eine Erweiterung der Verantwortung, eine Verbesserung der aktuellen Situation? Oder war das Ende der Fahnenstange erreicht?

Um das festzustellen, wechselte ich zu einer Beratungsfirma, einem kleinen Team von fünf Personen. Die Räume waren klein und eng, schweißten uns aber auch zu einer Gemeinschaft zusammen. Finanziell konnten wir keine großen Sprünge machen, und so achtete ein jeder darauf, daß das Geld nicht zum Fenster hinausgeworfen wurde. Die ersten Jahre waren hart und anstrengend. Doch zu sehen, daß unser Dampfer in die richtige Richtung trieb, gab Kraft. Schon bald war unser Büro zu klein, und wir zogen um in ein geräumigeres: Platz für jeden Mitarbeiter, denn die Anzahl war merklich angestiegen, für Computer, Kopierer und all das technische Gerät.

Ich war und blieb die Vertraute und Sekretärin von Herrn Rosemeyer und Herrn Dr. Netzer, den beiden Gründern des Unternehmens. Ich wußte, was ein jeder Beschäftigte verdiente, in welcher Krankenkasse er war, wo er wohnte. Auch die vielen kleinen Wehwehchen blieben mir nicht verborgen. Anonym ging es bei uns nicht zu, wie zum Teil in amerikanischen Firmen, die ihre Angestellten tagsüber auf- und aussaugen und irgendwann in der Nacht leergepumpt wieder ausspucken. Kein Zettel, der nicht einen Umweg über meinen Schreibtisch machte. In der Anfangsphase wurde sogar jede Mark, die auf unserem Konto verbucht wurde, eigenhändig von mir überprüft, jeder Kontoauszug abgeheftet und jede Rechnung von mir angewiesen. Zeitaufwendig war es sicherlich, aber es verschaffte mir den völligen Überblick über jede Bewegung im Betrieb, sei es auf dem Konto oder im Büro.

Reisekauffrau – auch das war ich. Ich besorgte Devisen, bestellte Tickets für Bus und Bahn, änderte sie meist noch zweimal, bevor der Termin dann endgültig zustande kam. Ich vereinbarte Sondertarife mit Mietwagenvertretungen und in Hotels. Da ich jeden Mitarbeiter kannte, konnte ich seine Reise so vorbereiten, als hätte er sie selbst gebucht. Individuelleren Service konnte kein Reiseunternehmen bieten. Meine Fühler streckte ich weltweit aus und hatte in der ganzen Welt ausgezeichnete Kontakte aufgebaut, insbesondere zur Wissenschaft. Dies war bedeutungsvoll für uns, um Meinungsbildner zu überzeugen, mit uns ein Symposium durchzuführen. Fiel der Name eines berühmten Professors, so war es meine Aufgabe, herauszufinden, welche Universität ihn zur Zeit unter Vertrag hatte. Einen brauchbaren Hinweis über Stadt oder Land seines Wirkens hatte ich selten. „Man hat mir gesagt, er sei in Tokio", oder: „Mein Vetter hat mir erzählt, er habe in London eine Vorlesung von ihm gehört." Dies oder ähnliches erfuhr ich von meinen „Informanten". Meist war keine brauchbare Spur dabei, und ich mußte selbst Miss Marple spielen, um den Gesuchten aufzuspüren. Da ich nicht wie mein Vorbild durch die Welt kutschieren konnte, nahm ich die Suche vom Büro aus auf. Neben Cleverness und einer Spürnase war das Telefon mein wichtigstes Hilfsmittel. „Bitte warten", beherrschte ich nun perfekt in mindestens zehn Sprachen, „alle unsere Plätze sind mit Anrufen bereits belegt; versuchen Sie es zu einem späteren Zeitpunkt noch einmal", konnte ich irgendwann meinem Gehör nicht mehr antun. Finger und Ohren zeigten bereits Abnutzungserscheinungen. Stunde um Stunde, Telefonat um Telefonat vergingen, bis die Nadel, in den meisten Fällen der Professor, im Heuhaufen gefunden war.

Wir expandierten Jahr um Jahr, was sich auch finanziell bemerkbar machte. Daher gönnten wir uns den „Gourmet-Abend" – ein Geschenk an uns selbst für die positiven Resultate. Herr Rosemeyer stellte sein Haus und Geschirr zur Verfügung, die Gäste brachten die Delikatessen mit, und Herr Dr. Netzer stiftete die Getränke. Ganz zu Anfang war es Usus, daß wir alle gemeinsam am Herd etwas zusammenbrutzelten. Später haben wir uns dann nicht mehr mit Soße bekleckst, ein Koch hat sich unser erbarmt. Was blieb, war die Atmosphäre, angenehm und entspannt, mit einem Wort: locker. Auf irgendeine Art und Weise fühlten wir uns alle miteinander verbunden wie eine große Familie. Die Abende erlebte ich als Sternstunden im täglichen Einerlei, sie waren das Salz in meiner Suppe, und vor allem: Ich war Mitglied einer „Familie", einer Familie, die ich so nicht kannte. Es gab keinen Stillstand, kein Hindernis, das uns hätte aufhalten können. Mit unserem Erfolg wuchsen wir und schlossen uns mit Partnern aus USA und England zusammen.

Dieses „Humankapital" war eine besonders gute Ergänzung zu uns, besser hätten wir es nicht treffen können. Arbeitseinstellung, Arbeitsweise, Organisation, und immenses Fachwissen beeindruckten mich nachhaltig. Der Zusammenschluß brachte frischen Wind ins eingefahrene Karussell und uns in die Metropolen Europas. Dort konnten meine etwas eingerosteten Sprachkenntnisse wiederbelebt werden. Außerdem genoß ich es, nicht nur Reisen zu organisieren, sondern auch die Stimmung auf dem Flughafen, die Abfertigungszeremonie, den Flug selbst und fremde Städte zu erleben. Mit den Kollegen, meinen Pendants in den Niederlassungen, pflegte ich grenzüberschreitende Freundschaften. Ein- oder zweimal im Jahr kamen wir alle zusammen. Für diesen Anlaß veranstalteten wir eine Floßfahrt auf der Isar. Jeder hatte Spaß an diesen Veranstaltungen, und wir saßen, wie auch sonst, alle in einem Boot.

Die Unternehmenskette wurde bald immer länger. Die Verbindungen untereinander waren nicht immer gleich stabil, aber mit einigen guten Worten und mehrmaligem Anpassen ließ sich auch das beheben. Meine Art, allen Leuten offen und freundlich, bei Bedarf mit Distanz und Kompetenz entgegenzutreten, half mir dabei. Die immense Vergrößerung des Unternehmens und die internationale Geschäftskontakte bedeuteten erhöhten Arbeits- und Zeitaufwand und mehr Geschäftsreisen für meinen Chef. Während seiner Abwesenheit war ich die Exekutive im Büro. Allerdings nie, ohne mir sein „Okay" telefonisch, per Fax oder mit Courage auch nachträglich einzuholen.

Ab und zu mußte ich auch bittere Pillen in meinem Beruf schlucken, und zwar immer dann, wenn es um Lobzuteilungen ging. Nun ist man als Sekretärin ja schon einiges gewohnt. Man tritt freiwillig bescheiden in den Hintergrund, wenn der Chef wieder einen Sieg unter Dach und Fach gebracht hat und die Medien ihn, sein Wirken, sein Engagement und sein Können in den höchsten Tönen loben. Stets den Chef in der Sonne stehen zu sehen, hat sehr oft Kraft gekostet, und ich wäre in diesen Momenten froh gewesen, wenigstens einen Handschlag für meinen Anteil am Erfolg zu erhalten oder ein „Wir-beide-zusammen-Lächeln" als Anerkennung für meine Leistung zu erhaschen. Das hätte bereits genügt. Mein eigenes Gefühl, gute Arbeit geleistet zu haben, mußte diesen „Verzicht" ausgleichen. Als Ausgleich dafür genoß ich uneingeschränktes Vertrauen. Ich ging bei den Entscheidungsträgern ein und aus, erlernte typische Managementfähigkeiten von meinen Vorgesetzten und erlebte Tag für Tag mit, wie die Geschicke des Unternehmens bestimmt wurden. Erfahrungen, die ich in einem anderen Job so nicht hätte machen können. Meist war ich meinen Chefs sogar einen Schritt voraus. Die beiden Chefs waren sehr gegensätzlich und paßten zusammen wie Feuer und Eis. Vielleicht lag gerade darin ihr Erfolgsgeheimnis. Ich war nicht Feuer und nicht Eis, sondern das passende Zwischenstück, der antreibende und ruhende Pol. Ich war das älteste Teil dieser Dreierpackung, aber nie zu alt, um gegen ein jüngeres Teil eingetauscht zu werden.

Vierzehn Jahre lang bin ich mit Freude zur Arbeit gegangen. Jeder nahm teil an den Niederlagen und Siegen des anderen. Teamgeist in Reinform! Sicherlich gab es ab und zu auch Menschen, die sich in diesem Gefüge nicht eingewöhnen oder ihre Person in den Vordergrund stellen wollten. Doch diese waren nur kurz bei uns: Profilierungsneurotiker konnten wir keine gebrauchen.

Der letzte Zusammenschluß der Firma mit einer anderen Unternehmensberatung, den ich miterlebte, war auch der letzte für Dr. Netzer. Schon bei der Unterschrift des Vertrages stand fest, daß er sich aus dem Unternehmen zurückziehen wollte. Ohne theatralische Auftritte ging sein Abschied vor sich, er fuhr noch einmal quer durch die Welt, sagte Adieu zu den Personen, die im Berufsleben wichtig für ihn waren. Ich wußte schon vor allen anderen von Dr. Netzers Plänen und entschloß mich, das gleiche zu tun. Auch mir war klar, daß meine Zeit gekommen war. Die Zeit der gemeinsamen Jahre, die nicht nur eitel Sonnenschein, aber zu 99 Prozent gegenseitiges Verstehen, gemeinsame Arbeit, gemeinsamer Erfolg, gemeinsame Freude bedeuteten, waren vorbei. Dr. Rosemeyer hielt noch ein Weilchen länger durch. Er war der Gefühlsmensch in unserem Dreiergespann gewesen, und dies hinderte ihn daran, von heute auf morgen ,,loszulassen".

Zum Abschied bekam ich den ganz großen Bahnhof und die Anerkennung der alten Garde – so formvollendet schied ich aus meinem Traumjob. Gern denke ich an die Zeit zurück und fühle mich geehrt, wenn nachgefragt wird, ob ich die eine oder andere Sekretärin vertreten könnte. Dann gehöre ich wohl für die anderen auch noch nicht zum alten Eisen? Ich fühle mich aktiv und zielstrebig, nutze die Zeit für mich und meine Interessen. Kurzum: Ich bin ein junger alter Mensch im Ruhestand.

Die Autorin

Gabriele Kettler, geboren 1959, ist ausgebildete Fremdsprachenkorrespondentin und war viele Jahre als Chefsekretärin in den verschiedensten Bereichen tätig.

Sie ist Gründerin und Leiterin eines professionellen Sekretariatsdienstes und Office Services in Königstein im Taunus und berät Unternehmen bei der Sekretärinnensuche für Führungskräfte.

Das Gabler-Programm für Sekretariat und Karriere

Gisa Briese-Neumann
Professionell schreiben
Stilsicherheit und Spracheffizienz im Beruf
280 Seiten, 58,– DM

Claudia Feiter
Konferenzen professionell organisieren
Die effiziente Planung und Durchführung von Veranstaltungen
176 Seiten, 38,– DM

Margit Gätjens-Reuter
Effizient arbeiten
Zeitmanagement für die Sekretärin
236 Seiten, 48,– DM

Margit Gätjens-Reuter
Ablage
Die Organisation der Information
2., überarbeitete Auflage
280 Seiten, 48,– DM

Margit Gätjens-Reuter
Aktiv ins Sekretariat 2000
Mit Kreativität und Flexibilität die Herausforderungen von morgen meistern
180 Seiten, 48,– DM

Wim Kuin
Protokoll
Besprechungsergebnisse schnell, sicher und richtig zu Papier gebracht
292 Seiten, 48,– DM

Klaus Rischar
Chef-Entlastung
Wie Sie Ihren persönlichen Arbeitsstil optimieren
232 Seiten, 48,– DM

Klaus Rischar
Arbeitsrecht
Was Sie über Ihre Rechte und Pflichten wissen sollten
272 Seiten, 48,– DM

Albert Thiele
Rhetorik
Sicher auftreten, überzeugend argumentieren
2., überarbeitete Auflage
208 Seiten, 48,– DM

Ingrid Wichardt-Laub
Vorsprung durch Sympathie
Sanfter führen, motivieren und gewinnen
128 Seiten, 48,– DM

Ingrid Wichardt-Laub
Sekretariat-Knigge
Von A wie Anklopfen bis Z wie Zuverlässigkeit
2., überarbeitete Auflage
200 Seiten, 48,– DM

Rosemarie Wrede-Grischkat
Auffallen oder anpassen?
Neue Verhaltensmuster für die berufstätige Frau
210 Seiten, 58,– DM

Andreas Wellmann / Regina Zelms
Professionelles Zeitmanagement
Mit Timer und EDV das Büro jederzeit fest im Griff
176 Seiten, 38,– DM

Wolfgang Wypijeski
Geschäftsbriefe mit Pfiff
Mit weniger Worten mehr sagen
2., überarbeitete Auflage
225 Seiten, 48,– DM

Stand der Angaben und Preise:
1.5.1995
Zu beziehen über den Buchhandel oder den Verlag.
Änderungen vorbehalten.

GABLER

BETRIEBSWIRTSCHAFTLICHER VERLAG DR. TH. GABLER, TAUNUSSTRASSE 52-54, 65183 WIESBADEN

Weitere Fachbücher zu Selbstmanagement und Karrierestrategie

Robert Becker
Besser miteinander umgehen
Die Kunst des interaktiven Managements
284 Seiten, 78,— DM

Wolf W. Lasko
Small talk und Karriere
Mit Erfolg Kontakte knüpfen
176 Seiten, 58,— DM

Wolf W. Lasko
Charisma
Mehr Erfolg durch persönliche Ausstrahlung
260 Seiten, 68,— DM

Jagdish Parikh
Managing Your Self
Streßfrei und gelassen auf dem Weg zu Spitzenleistungen
224 Seiten, 78,— DM

Winfried Prost
Führe dich selbst!
Die eigene Lebensenergie als Kraftquelle nutzen
160 Seiten, 68,— DM

Udo B. Schwartz
First Class
In Spitzen-Restaurants und Top-Hotels professionell auftreten
224 Seiten, 68,— DM

Gerhard Schwarz
Konfliktmanagement
Sechs Grundmodelle der Konfliktlösung
191 Seiten, 68,— DM

Wolfgang Siemers
Management and more
Die Kunst der Führung in 12 Briefen
204 Seiten, 68,— DM

Rudolf F. Thomas
Chefsache Mobbing
Souverän gegen Psychoterror am Arbeitsplatz
160 Seiten, 58,— DM

Rolf Wabner
Selbst-Management
Wie Sie zum Unternehmer Ihres Lebens werden
91 Seiten, 38,— DM

Rosemarie Wrede-Grischkat
Manieren und Karriere
Verhaltensnormen für Führungskräfte
332 Seiten, 72,— DM

Zu beziehen über den Buchhandel oder den Verlag.

Stand der Angaben und Preise: 1.5.1995
Änderungen vorbehalten.

GABLER
BETRIEBSWIRTSCHAFTLICHER VERLAG DR. TH. GABLER, TAUNUSSTRASSE 52-54, 65183 WIESBADEN

GABLER
Management Institut
Starnberg • Wiesbaden • Berlin

Und jetzt...

... will ich das Gelesene in der Diskussion vertiefen,
... will ich mich mit Menschen austauschen,
die gleiche Wünsche, gleiche Ziele und
gleiche Erfahrungen haben
... möchte ich persönliches Feedback erhalten,
jetzt will ich ein Seminar!

Es gibt nichts Gutes,

außer man tut es!

Fordern Sie unsere Seminar- und Konferenzübersicht an:
Gabler Management Institut, Sonja Buch, Taunusstraße 54,
65005 Wiesbaden, Fax 06 11 / 53 44 01, Tel. 06 11 / 53 42 91

Gabler Management Institut: Seminare • Beratung • Konferenzen

MIX
Papier aus verantwortungsvollen Quellen
Paper from responsible sources
FSC® C105338

If you have any concerns about our products,
you can contact us on
ProductSafety@springernature.com

In case Publisher is established outside the EU,
the EU authorized representative is:
**Springer Nature Customer Service Center GmbH
Europaplatz 3, 69115 Heidelberg, Germany**

Printed by Libri Plureos GmbH
in Hamburg, Germany